Lew Tolstoi

Keiner ist besser als der andere

Lew Tolstoi (1828–1910)

Lew Tolstoi

Keiner ist besser als der andere

Worte eines menschheitlichen Menschen

Herausgegeben von Anna Schloss

marixverlag

»Die Hauptsache ist,
daß du stets dessen eingedenk seist,
wer du bist.«

Lew Tolstoi, Tagebücher

Inhalt

»Nur langweilige Naturen sind frei von Widersprüchen.«

Erich Mühsam,
Tolstois Vermächtnis

»Er ging über die Straßen und Wege mit dem geschäftsmäßigen, schnellen Schritt des geschulten Erforschers der Erde, und mit scharfen Augen, vor denen nicht ein Kieselstein und nicht ein Gedanke sich verstecken konnte, schaute er, maß er, prüfte er, verglich er. Und um sich streute er die lebendigen Samen unbezwinglicher Gedanken.«

Maxim Gorki,
Erinnerungen an Lew Nikolajewitsch Tolstoi

»Tolstoj will nichts anderes, als das wahre, ungeheuchelte Empfinden dem ererbten Fühlen und Denken gegenüberstellen. Wahrheit! Wahrheit um jeden Preis! Und koste sie das Leben, das des Einzelnen, der Menschheit!«

Raphael Löwenfeld,
Leo N. Tolstoj

»Die Menschen sind wie Flüsse«

Philosophisches und Psychologisches zum menschlichen Wesen

Es gibt gar keine schlechten Menschen; alle Menschen sind eines Vaters Kinder, alle Menschen sind Brüder und untereinander gleich – keiner ist besser als der andere.

(Briefe)

Es ist einer der gewöhnlichsten und verbreitetsten Aberglauben, daß jeder Mensch nur eine ihm zugehörige, bestimmte Eigenschaft habe, daß ein Mensch gut, böse, klug, dumm, energisch, apathisch u. s. w. sei. Die Menschen pflegen nicht so zu sein. Wir können von einem Menschen sagen, daß er öfter gut als böse, öfter klug als dumm, öfter energisch als apathisch und umgekehrt sei, aber es ist nicht wahr, wenn wir von einem Menschen sagen, daß er gut oder klug, und von einem andern, daß er schlecht oder dumm sei. Wir aber teilen die Menschen immer so ein. Und das ist nicht richtig. Die Menschen sind wie Flüsse: das Wasser ist überall gleich, überall dasselbe, aber jeder Fluß ist bald schmal, bald rasch, bald breit, bald still, bald rein, bald kalt, bald trübe, bald warm. Ebenso auch die Menschen. Jeder Mensch trägt in sich die Keime aller menschlichen Eigenschaften, und manchmal offenbart er die einen, manchmal die andern, und ist oft sich selber ganz und gar nicht ähnlich, während er doch immer dasselbe Selbst bleibt.

(Auferstehung)

Brüderlichkeit ist den Menschen eigentümlich und natürlich. Unbrüderlichkeit, Entzweiung wird künstlich anerzogen.

(Tagebücher)

Der Mensch denkt das, was sein Herz begehrt.

(Tagebücher)

Der Mensch ist doch ein geistiges und tierisches Wesen. Man kann den Menschen in Bewegung setzen, indem man auf sein geistiges Wesen Einfluß übt, und kann ihn in Bewegung setzen, indem man auf sein tierisches Wesen Einfluß übt, so wie man eine Uhr am Zeiger und am Hauptrade in Bewegung setzen kann. Und wie es für die Uhr besser ist, ihre Bewegung durch den inneren Mechanismus zu leiten, so ist es auch angemessener, den Menschen – sich selbst oder andere – durch das Bewußtsein zu leiten.

(Warum die Menschen sich betäuben)

Jeder Mensch, besonders ein Christ, will ein Werkzeug sein, das geistig, nicht physisch wirkt.

(Briefe)

Der Mensch ist nie ein solcher Egoist, wie in Augenblicken seelischer Hochstimmung.

(Die Kosaken)

Der Mensch ist ein von allen anderen abgesondertes Wesen, das seine Grenzen fühlt.

(Tagebücher)

Der Mensch ist ein Wesen außerhalb der Zeit und des Raumes, er sieht sich aber in Bedingungen von Zeit und Raum gestellt.

(Tagebücher)

Damit sich ein Wesen als existierend erkenne, ist es nicht nötig, daß es begrenzt sei. Wenn die Wesen nicht begrenzt wären, existierten sie auch nicht. Wir sagen: der Mensch ist ein bewußtes Wesen, weil es begrenzt ist, aber man könnte ebenso gut sagen: der Mensch ist begrenzt, weil er ein bewußtes Wesen ist.

(Tagebücher)

Für die Menschen sind im Leben nicht Taten das Bestimmende, sondern Worte. Es kommt ihnen nicht sowohl auf die Möglichkeit an, etwas zu tun oder nicht zu tun, als vielmehr auf die Möglichkeit, mit Bezug auf allerlei Gegenstände gewisse Worte von konventioneller Bedeutung zu gebrauchen. Solche Worte, die bei ihnen für sehr wichtig gelten, sind die Worte ›mein, meine‹, deren sie sich in bezug auf die verschiedensten Dinge, auf lebende Wesen und leblose Gegenstände, bedienen, sogar in bezug auf den Erdboden, auf Menschen und auf Pferde. Sie haben untereinander festgesetzt, daß von ein und demselben Dinge immer nur einer ›mein‹ sagen darf. Und wer nach diesem unter ihnen vereinbarten Spiel von der größten Anzahl von Dingen ›mein‹ sagt, der gilt bei ihnen für den Glücklichsten. Weshalb das so ist, weiß ich nicht; aber es ist so.

(Der Leinwandmesser)

Es ist leichter, selbst nachzugeben, als andere zu beugen.

(Familienglück)

In der Jugend sind alle Seelenkräfte auf das Zukünftige gerichtet, und dieses Zukünftige nimmt unter dem Einfluß der Hoffnung, die nicht auf der Erfahrung der Vergangenheit beruht, sondern auf der eingebildeten Möglichkeit des Glückes, so verschiedenartige, lebendige und bezaubernde Formen an, daß schon die bloßen Begriffe und die Mitteilung der Phantasien von künftigem Glück ein wirkliches Glück dieses Alters bilden.

(Knabenalter)

Die Menschen, die einem Führer folgen, ihm glauben und auf ihn hören, irren unbedingt im Dunkeln, mitsamt ihrem Führer.

(Tagebücher)

Was für ein zerstörungssüchtiges Wesen ist doch der Mensch, wieviel lebende Organismen mannigfachster Art vernichtet er, um sein eignes Leben zu erhalten!

(Chadschi Murat)

Ist es denn den Menschen zu eng auf dieser schönen Welt, unter diesem unermeßlichen Sternenhimmel? Kann sich denn wirklich inmitten dieser bezaubernden Natur im Herzen des Menschen das Gefühl von Feindschaft und Rachsucht oder die Leidenschaft, seinesgleichen auszurotten festsetzen? Alles Böse im Menschenherzen sollte schwinden bei der Berührung mit der Natur, diesem unmittelbarsten Ausdruck alles Schönen und Guten.

(Der Überfall)

Nur jene Menschen, welche starker Liebe fähig sind, können auch starke Schmerzen empfinden; aber das Bedürfnis zu lieben, dient ihnen auch als Gegenwirkung gegen den Schmerz und macht sie wieder gesund. Daher ist die moralische Natur des Menschen noch lebenskräftiger als die physische; Schmerz tötet nie.

(Kindheit)

Wer die Schüchternheit aus Erfahrung kennt, weiß, daß dieses Gefühl sich im geraden Verhältnisse zur Zeit vergrößert, während die Entschlossenheit sich im umgekehrten Verhältnisse vermindert; das heißt, je länger dieser Zustand währt, desto unüberwindlicher wird er und desto geringer wird die Energie.

(Kindheit)

Die Eitelkeit ist ein Gefühl, das sich mit echter Trauer ganz und gar nicht verträgt, und dabei ist dieses Gefühl so fest verwachsen mit der menschlichen Natur, daß es selbst durch den größten Schmerz nur sehr selten ganz vertrieben wird. Eitelkeit im Schmerz äußert sich in dem Wunsche, sehr betrübt oder unglücklich oder stark zu erscheinen; und diese niedrigen Wünsche, die wir nicht eingestehen, die uns aber beinahe nie – selbst im bittersten Leide nicht – verlassen, nehmen dem Schmerz Kraft, Würde und Aufrichtigkeit.

(Kindheit)

17

Es ist ein großer Irrtum zu denken, daß die menschliche Vernunft etwas Vollkommenes sei und dem Menschen alles entdecken könne.

(Tagebücher)

Es wird mir immer klarer, daß der Mensch der fremden Einflüsterung umso mehr zugänglich ist, je schwächer er in seinem Gefühlsleben ist und je weniger er des Selbstdenkens fähig ist.

(Tagebücher)

Je stärker der Mensch geistig ist, desto weniger ist er der fremden Eingebung unterworfen, sondern unterliegt der eigenen Eingebung und umgekehrt.

(Über Erziehung und Bildung)

99 unter 100 Handlungen entstehen durch Nachahmung, Suggestion und Instinkt. Eine Handlung unter 100 entspringt aus der Vernunft; aber diese eine unter 100 Handlungen ist das, was die Menschheit in Bewegung setzt, ist das eigentliche, wahre Leben.

(Tagebücher)

Was für eine schreckliche Eigenschaft ist doch die Selbstzufriedenheit! Das ist eine Art Zufrieren des Menschen, es bildet sich rings um ihn eine Eiskruste, die jedes innere Wachsen, jede Gemeinschaft mit den anderen unmöglich macht; und diese Eiskruste wird immer dicker!

(Tagebücher)

Die Menschen leben ihre Gedanken, setzen die Gedanken Anderer in Leben um, sie leben ihre Gefühle, setzen die Gefühle Anderer in Handlungen um (d. h. sie lassen sich durch die Gefühle der Andern leiten). Der beste Mensch ist der, welcher seine eigenen Gedanken lebt und sich von den Gefühlen der Andern bestimmen läßt; die schlimmste Sorte Mensch ist die, welche sich von fremden Gedanken und fremden Gefühlen leiten läßt. Aus den verschiedenen Verbindungen dieser vier Motive des Handelns, ergibt sich die ganze Verschiedenheit der Menschen. Es gibt Menschen, die weder eigene noch fremde Gedanken haben und die nur in den Gefühlen anderer Menschen leben; das sind die aufopferungsvollen Närrchen, die Heiligen. Es gibt Menschen, die nur in ihren eigenen Gefühlen stecken – das sind Tiere. Es gibt Menschen, die nur in ihren eigenen Gedanken leben: die Weisen, die Propheten. Und es gibt Menschen, die nur in fremden Gedanken zuhause sind: das sind die Gelehrten und die Schwachsinnigen. In der Mischung dieser Eigenschaften besteht die ganze Musik der menschlichen Charaktere.

(Tagebücher)

Alle Menschen leben und wirken teils eigenen Gedanken gemäß, teils gemäß den Gedanken anderer Leute. Darin, in wie weit die Menschen nach eigenen Gedanken und in wie weit nach den Gedanken anderer Leute leben, darin besteht einer der Hauptunterschiede der Menschen unter einander: die einen brauchen in den meisten Fällen ihre Gedanken gleichsam zu einem geistigen Spiel, gehen mit ihrem Intellekt um, wie mit einem Schwungrad, von dem der Transmissionsriemen abgenommen worden, und in allen ihren Handlungen unterwerfen sie sich fremden Gedanken – dem Brauch, der Überlieferung, dem Gesetz. Die anderen dagegen, die ihre eigenen Gedanken für die Hauptbewegkraft ihrer ganzen Tätigkeit halten, geben fast immer den Forderungen ihres Intellekts Gehör und unterwerfen sich ihm, und nur selten, und dies nur nach kritischer Schätzung, folgen sie dem, was die anderen entschieden haben.

(Auferstehung)

Zu den qualvollsten geistigen Leiden gehört die Situation, wenn die Menschen dich nicht verstehen und du dich mit deinen Gedanken hoffnungslos einsam fühlst.

(Tagebücher)

Es gibt Charaktere, die sich an keine der Abscheulichkeiten erinnern, die sie verübt haben, sie erinnern sich aber an alles, was man ihnen angetan hat.

(Tagebücher)

Der Mensch besitzt die Eigentümlichkeit, die Leiden nicht zu sehen, die er nicht sehen will. Und die Leiden, die er selbst verursacht, will er eben nicht sehen.

(Tagebücher)

Ein wunderlich Ding: ich weiß von mir, wie böse und dumm ich bin, während die andern mich für einen genialen Menschen halten. Wie muß es da erst mit den andern Leuten bestellt sein?

(Tagebücher)

Einer der häufigsten und folgenschwersten Irrtümer, dem die Leute anheimfallen, ist der, daß sie das für gut halten, was ihnen lieb ist.

(Tagebücher)

Ich mag Menschen nicht, wenn sie betrunken sind, aber ich kenne welche, die interessant werden, wenn sie einen Schwips haben, die dann etwas kriegen, was ihnen in ihrem nüchternen Zustand nicht natürlich ist – Witz, Schönheit des Gedankens, Geistesgegenwart und Reichtum der Sprache. In solchen Fällen bin ich bereit, den Wein zu segnen.

(Erinnerungen an Lew Nikolajewitsch Tolstoi)

Das allerschlimmste ist der Rausch, durch Wein, Spiel, Gewinnsucht, Politik, Kunst oder Verliebtsein. Mit solchen Menschen kann man solange nicht sprechen, bis sie ausgeschlafen haben. Furchtbar.

(Tagebücher)

Wie gut ist es, daß man die Folgen seiner Handlungen nicht kennt! Wenn man sie kennte, (...) so würde man sich zu nichts mehr entschließen. So aber entschließt man sich, nicht weil man die Folgen kennt, sondern weil man muß.

(Tagebücher)

Sie sind alle Menschen, und haben ihre Fehler wie wir; weshalb also soll es Mißgunst und Hader geben?

(Anna Karenina)

Je länger man lebt, desto öfter verändert man sich (...)
Ich denke, die Mängel und die guten Eigenschaften – die
Grundlagen des Charakters bleiben immer dieselben,
aber die Ansichten über das Leben und über das Glück
müssen sich mit den Jahren ändern.

(Briefe)

Je länger ich lebe, desto mehr fange ich an, die Menschen
zu schätzen, die nie störrisch werden.

(Briefe)

Übrigens spürt man den Zauber der Ruhe erst nach der
Ermüdung, und die Freuden der Liebe nur nach dem
Verlust.

(Briefe)

Der Mensch überlebt Erdbeben, Epidemien, die Schrek-
ken der Krankheit und alle Todesqualen der Seele, aber
seine marterndste Tragödie all die Zeit war, ist und wird
sein – die Tragödie des Schlafzimmers.

(Erinnerungen an Lew Nikolajewitsch Tolstoi)

Wenn der Mensch nicht lüstern wäre, hätte er gar keinen
Begriff für Keuschheit.

(Briefe)

Das Plaudern – ist die allertörichteste und doch auch
wieder eine große Sache.

(Briefe)

Ja ich bin dumm gewesen; ich glaubte noch an Menschen und liebte sie und opferte mich für sie auf. Aber Erfolg haben in der Welt nur diejenigen, die schändlich und nichtswürdig sind.

(Krieg und Frieden)

Es gibt keine Verhältnisse, an die sich der Mensch nicht gewöhnen könnte; besonders wenn er sieht, daß alle, die ihn umgeben, ebenso leben.

(Anna Karenina)

Wenn zwei Menschen im Streit miteinander leben, so sind immer beide schuldig, und die eigene Schuld wiegt immer schrecklich schwer, wenn die andere Person nicht mehr ist.

(Krieg und Frieden)

Es ist sonderbar, wenn man bedenkt, wie leicht wir Böses sprechen.

(Briefe)

Wer kennt nicht jene geheimnisvollen, wortlosen Beziehungen, die sich in dem kaum merklichen Lächeln, in einer Bewegung oder in einem Blick, bei Menschen, die immer zusammenleben, verraten: bei Brüdern, Freunden, Ehegatten, bei Herr und Diener, besonders, wenn diese Leute nicht vollständig aufrichtig gegeneinander sind. Wie viele unausgesprochene Wünsche und Gedanken, wieviel Furcht, durchschaut zu werden, drücken sich in einem zufälligen Blicke aus, wenn die Augen sich scheu und zaghaft begegnen!

(Knabenalter)

In Nechljudow waren, wie in allen Leuten, zwei Menschen. Der eine, geistige, strebte nur nach dem Heil, das auch anderen zum Heile gereicht; und der andere, der animalische Mensch, nur nach dem eigenen Heil, bereit, diesem das Wohl der ganzen Menschheit zum Opfer zu bringen.

(Auferstehung)

Damals sah er sein wahres Ich in seinem inneren, geistigen Menschen, jetzt galt ihm sein gesundes, frisches, animalisches Ich als der eigentliche Mensch.

Und diese ganze furchtbare Wandlung hatte sich nur dadurch in ihm vollzogen, daß er aufgehört hatte, sich selbst zu glauben, und statt dessen begonnen hatte, andern zu glauben, weil es ihm gar zu schwer ward, zu leben, indem er sich selbst glaubte; wenn er nämlich sich selbst glaubte, mußte er fast jede Frage so entscheiden, daß die Entscheidung zu Ungunsten seines animalischen Ichs ausfiel, das nur nach leichten Genüssen strebte; wenn er dagegen den andern glaubte, brauchte er nichts selbst zu entscheiden, alles war vielmehr bereits entschieden, und zwar gegen sein geistiges Ich und zugunsten seines animalischen Ichs. Und nicht genug daran: wenn er sich selbst glaubte, konnte er sicher sein, daß die Menschen ihn stets verurteilten – glaubte er dagegen den andern, dann war er des Beifalls von seiten derjenigen, die ihn umgaben, gewiß.

(Auferstehung)

Nichts ist schlimmer, als seine üble Laune anerkennen (…) Ich gestehe mir so etwas nie ein, und bin daher immer bei guter Stimmung.

(Auferstehung)

Die Menschen können über mich urteilen, wie sie wollen; Menschen kann ich betrügen, mich selbst aber nicht!

(Auferstehung)

Jeder Mensch muß, um handeln zu können, seine Tätigkeit für wichtig und gut halten. Und daher wird der Mensch, gleichviel in welcher Lage er sich befindet, sich stets eine solche Ansicht vom menschlichen Leben überhaupt zu eigen machen, vermöge welcher ihm seine Tätigkeit wichtig und gut erscheinen muß.

Man pflegt gewöhnlich zu glauben, daß ein Dieb, ein Spion, eine Prostituierte ihre Profession für schlecht halten und sich ihrer schämen müssen. Es geschieht aber das gerade Gegenteil davon. Die Menschen pflegen, vom Schicksal und durch ihre eigenen Sünden und Fehler in eine gewisse Lage gebracht, sei dieselbe auch noch so schief, sich immer eine Lebensanschauung zu bilden, die es ihnen ermöglicht, ihre Position für gut und achtungswert zu halten. Um aber eine solche Anschauung aufrecht erhalten zu können, halten sich die Leute instinktiv zu dem Kreise der Gesellschaft, in dem diese Auffassung des Lebens eine allgemeine Anerkennung genießt. Wir wundern uns darüber, wenn es sich um Diebe handelt, die mit ihrer Geschicklichkeit, um Prostituierte, die mit ihrer Lasterhaftigkeit, oder um Mörder, die mit ihrer Grausamkeit prahlen. Aber es wundert uns nur darum, weil der Kreis dieser Leute ein beschränkter ist und, was die Hauptsache ist, weil wir selbst uns außerhalb dieses Kreises befinden.

Aber findet nicht dieselbe Erscheinung bei den Reichen statt, die mit ihrem Reichtum, das heißt Raub, prahlen, bei den Kriegsführern, die mit ihren Siegen, das heißt Mordtaten, bei den Machthabern, die mit ihrer Macht, das heißt Gewalttätigkeit, prahlen? Wir sehen bei diesen Leuten die zum Zwecke einer Entschuldigung ihrer Position vorgenommene Entstellung der Anschauung vom Leben, vom Guten und vom Bösen, wir sehen diese Entstellung nur darum nicht, weil der Kreis von Leuten mit solchen entarteten Anschauungen ein größerer ist, und weil wir selbst zu diesem Kreise gehören.

(Auferstehung)

Ein guter Mensch, der seine Fehler nicht eingesteht und sich stets rechtfertigen will, kann ein Ungeheuer werden.

(Tagebücher)

Nichts erweicht das Herz so sehr wie das Bewusstsein der eigenen Schuld, und nichts verhärtet es so sehr, wie der Unfehlbarkeitsdünkel.

(Tagebücher)

Je schuldiger man vor seinem eigenen, wiewohl verborgenen Gewissen ist, desto lieber und ganz unwillkürlich sucht man die Schuld bei anderen, und besonders bei denen, gegen die man sich vergangen hat.

(Tagebücher)

Eines der dringendsten Bedürfnisse des Menschen, das so dringlich wie Essen, Trinken, Wollust, ja noch dringlicher als diese ist, ein Bedürfnis, dessen Existenz wir häufig vergessen, ist das Bedürfnis, seine Person hervorzutun, zu wissen, das habe *ich* getan. Sehr viele Handlungen, die an sich unerklärlich wären, sind durch dieses Bedürfnis verständlich. Man darf es bei der Erziehung und beim Verkehr mit Menschen nicht vergessen. Vor allem muß man sich bemühen, daß dieses Bedürfnis Tätigkeit erzeugt und nicht Prahlerei.

(Tagebücher)

Man muß sehr auf der Hut sein, um die Eitelkeit und die Liebe zum Lob in sich nicht großwerden zu lassen. Wenn der Feind einen Menschen verderben wollte, gelänge es ihm fast leichter durch Lobeserhebungen als durch Verleitung zum Trunke. Es entwickelt sich beim Lob eine krankhafte Empfindlichkeit, die zu haltloser Schwäche führt und die beim Tadel in Erbitterung und Mutlosigkeit ausartet. Hauptsächlich vermehrt sich die Kränklichkeit und Verwundbarkeit.

(Tagebücher)

Der Franzose hat Selbstvertrauen, weil er sich persönlich als Geist und Körper für unwiderstehlich bezaubernd hält, sowohl für Männer als für Damen. Der Engländer hat Stolz und Selbstvertrauen darum, weil er ein Bürger des besteingerichteten Reichs der Welt ist und darum als Engländer immer weiß, was er zu tun hat und überzeugt ist, daß alles, was er als Engländer tut, unzweifelhaft gut sei. Der Italiener hat Selbstvertrauen, weil er von lebhaftem Temperament ist und leicht sich und andere vergißt. Der Russe hat Selbstvertrauen eben deshalb, weil er nichts weiß und nichts wissen will, weil er nicht glaubt, daß man irgend etwas sicher wissen könne. Der Deutsche besitzt ein stärkeres und widerlicheres Selbstvertrauen als alle anderen, weil er sich einbildet, er wisse die Wahrheit, hält die Wissenschaft, die er sich selbst erdacht hat, aber für absolute Wahrheit.

(Krieg und Frieden)

Wenn ich an mein Knabenalter zurückdenke (...), verstehe ich vollkommen die Möglichkeit des schrecklichsten Verbrechens ohne einen Zweck, ohne den Wunsch zu schaden, nur *so* aus Neugier, aus dem unbewußten Verlangen, etwas zu tun. Es gibt Augenblicke, in welchen die Zukunft dem Menschen in so düsterem Lichte erscheint, daß er sich fürchtet, seinen geistigen Blick auf sie zu richten, daß er die Tätigkeit des Verstandes in sich anhält und sich selbst zu überzeugen sucht, daß das Zukünftige nicht sein wird und das Vergangene nicht war. Zu solchen Augenblicken, wenn der Gedanke die willenlose Stimmung nicht im voraus beurteilt, und wenn als einzige Triebfeder des Lebens die Sinneninstinkte übrig bleiben, begreife ich, daß ein unerfahrenes Kind, das besonders zu diesem Gemütszustände veranlagt ist, ohne Zögern und ohne Furcht mit einem Lächeln der Neugier an das eigene Haus Feuer legt und einen Brand anfacht, an das Haus, in dem seine Brüder, sein Vater, seine Mutter, die es alle zärtlich liebt, schlafen. Unter dem Einfluß einer ebensolchen, zeitweiligen Geistesabwesenheit – man möchte sagen Zerstreutheit – schwingt der siebzehnjährige Bauernbursche beim Anblick der Schneide des eben geschliffenen Beiles neben der Bank, auf welcher mit dem Gesicht nach unten sein alter Vater schläft, plötzlich das Beil und sieht mit stumpfer Neugier zu, wie das Blut aus dem zerschnittenen Hals unter die Bank rinnt; unter dem Einfluß dieser selben Gedankenlosigkeit und instinktiven Neugier empfindet der Mensch eine Art von Genuß darin, sich an den äußersten Rand eines Abhanges zu stellen und zu denken: wie, wenn ich mich da hinunterstürze? Oder eine geladene Pistole an seine Stirn zu halten und zu denken: wie, wenn ich den Hahn losdrücke? Oder eine angesehene Persönlichkeit, für welche die ganze Gesellschaft kriechende Verehrung hegt, anzusehen und dabei zu denken: wie, wenn ich jetzt hingehe, ihn an der Nase fasse und sage: ›Nun mein Lieber, komm einmal mit‹?

(Knabenalter)

Es ist oft zu beobachten, daß in bezug auf Schlauheit ein dummer Mensch klügere leitet.

(Krieg und Frieden)

Für die besten, freundschaftlichsten und einfachsten Beziehungen sind Lob und Schmeichelei ebenso unentbehrlich wie die Schmiere für das Wagenrad.

(Krieg und Frieden)

Er war einer jener Theoretiker, welche ihre Theorie so sehr lieben, daß sie das Ziel derselben darüber vergessen – ihre Anwendung auf die Praxis. Aus Liebe zur Theorie verabscheute er auch jede Praxis und wollte nichts davon wissen.

(Krieg und Frieden)

Über Recht und Unrecht zu entscheiden, ist dem Menschen nicht gegeben. Der Mensch hat immer geirrt und wird immer irren und in keiner Beziehung mehr als in der Beziehung auf das, was er für Recht und Unrecht hält.

(Krieg und Frieden)

»Ein Merkmal der Entartung
unserer Welt«

Er fragte eine sehr einfach Sache; er fragte: warum und mit welchem Recht die einen Menschen die anderen einsperren, quälen, verschicken, peitschen und töten? Obgleich sie selber genau eben solche Leute sind, wie diejenigen, die sie quälen, peitschen und töten.

(Auferstehung)

Warum fehlt all diesen hochentwickelten humanen Menschen, die in ihrer Gesamtheit zu jedem ehrenvollen humanen Werk fähig sind, das gewöhnliche menschliche Gefühl für ein persönliches gutes Werk? Warum finden alle diese Menschen, die in ihren Parlamenten, Meetings und Vereinen mit solchem Eifer für die Lager der ehelosen Chinesen in Indien, für die Verbreitung des Christentums und der Zivilisation in Afrika und für die Gründung von Vereinen zur Besserung der gesamten Menschheit sorgen, in ihrem Herzen nicht die einfachen, ursprünglichen Gefühle des Menschen für den Menschen? Ist denn dieses Gefühl gänzlich ausgestorben, und ist an seine Stelle der Ehrgeiz und der Eigennutz getreten, von denen sich diese Leute in ihren Parlamenten, Meetings und Vereinen leiten lassen? Widerspricht denn die Verbreitung des Prinzips eines vernünftigen und egoistischen Zusammenwirkens von Menschen, das man Zivilisation nennt, dem Bedürfnis eines instinktiven und selbstlosen Zusammenwirkens?

(Luzern)

Wir sind so verstrickt, daß wir durch jeden Schritt im Leben am Bösen teilnehmen: an der Gewalt, wie der Unterdrückung. Wir dürfen nicht verzweifeln, aber müssen uns langsam aus dem Netz befreien, in dem wir gefangen sind; nicht zappeln – sonst verwickelt man sich noch mehr – sondern langsam entwirren.

(Tagebücher)

Zu etlichen Hunderttausenden hatten sich die Menschen auf einem einzigen kleinen Fleck angesammelt, und wie sehr sie sich auch Mühe gaben, die Erde, auf der sie sich preßten und drängten, zu verunstalten, sie mit Steinen zu verrammeln, damit nichts darauf wüchse, jedes Gräschen, das sich ans Licht wagte, sogleich auszujäten, die Luft mit Steinkohlen- und Naphthadünsten zu vergiften, die Bäume zu beschneiden und alle Tiere, alle Vögel zu verjagen – der Frühling war doch Frühling geblieben, sogar in der Stadt. Die Sonne wärmte, das neubelebte Gras wuchs und grünte überall, wo es nur irgend nicht ausgerissen war, nicht allein auf den Rasenplätzen der Boulevards, sondern auch zwischen den Steinplatten, und die Birken, die Pappeln, die Traubenkirschen entfalteten ihre harzigen, duftenden Blätter, die Linden trieben ihre platzenden Knospen; die Dohlen, Spatzen und Tauben machten schon in froher Lenzstimmung ihre Nester zurecht, und die Fliegen summten im warmen Sonnenschein an den Wänden. Froh waren sie alle, die Pflanzen, die Vögel, die Insekten und die Kinder. Die Menschen aber – die großen, erwachsenen Menschen – hörten nicht auf, einander zu betrügen und zu quälen. Die Menschen waren der Meinung, heilig und wichtig

sei nicht dieser Frühlingsmorgen, nicht diese Schönheit
der Gotteswelt, die zur Beseligung aller Wesen gegeben
ist und alle Herzen zum Frieden, zur Eintracht, zur Liebe stimmt – heilig und wichtig sei vielmehr das, was sie
selbst sich ausgedacht haben, um über einander zu herrschen.

(Auferstehung)

Die Zivilisation ist das Gute, die Barbarei das Böse; die
Freiheit ist das Gute, die Unfreiheit das Böse. Dieses
imaginäre Wissen vernichtet in der menschlichen Natur
das instinktive, selige ursprüngliche Streben nach dem
Guten. Wer kann definieren, was Freiheit, was Despotismus, was Zivilisation und was Barbarei ist? Wo sind die
Grenzen zwischen diesen Begriffen? Wer hat in seiner
Seele einen so unfehlbaren Maßstab für Gut und Böse,
daß er mit ihm alle die flüchtigen und verworrenen Tatsachen zu messen vermöchte? Wessen Verstand ist so
groß, daß er auch nur die Tatsachen der starren Vergangenheit umfassen und wägen könnte? Und wer hat schon
je einen Zustand gesehen wo Gut und Böse nicht miteinander vermengt wären? Und wenn ich mehr von dem
einen als von dem andern sehe, woher weiß ich denn,
daß ich die Dinge vom richtigen Gesichtspunkte aus be-
trachte? Wer ist imstande, sich im Geiste, wenn auch nur
für einen ganz kurzen Augenblick, so vollkommen vom
Leben loszulösen, daß er es ganz objektiv von oben herab betrachten könnte? Wir haben nur einen unfehlbaren Führer: den Weltgeist, der uns alle und jeden einzelnen wie eine Einheit durchdringt, der einem jeden das
Streben nach dem, was notwendig ist, eingegeben hat. Es

ist der gleiche Geist, der dem Baume befiehlt, der Sonne entgegenzuwachsen, der der Blume befiehlt, im Herbste ihre Samen auszustreuen, und der uns befiehlt, uns unwillkürlich aneinanderzuschmiegen.

Diese einzige unfehlbare, himmlische Stimme übertönt die lärmende und hastige Entwicklung der Zivilisation.

(Luzern)

Ich hatte schon mehrmals Gelegenheit, den Gedanken auszusprechen, daß der Patriotismus für unsere Zeit ein unnatürliches, unvernünftiges, schädliches Gefühl sei, welches einen großen Teil der Übel verursache, unter denen die Menschheit leidet, und daß daher dieses Gefühl nicht genährt und großgezogen werden dürfte, wie es jetzt geschieht, sondern im Gegenteil unterdrückt und durch alle Mittel, die vernünftigen Menschen zugänglich sind, vernichtet werden sollte.

(Patriotismus und Regierung)

Die elende Lage der Fabrik- und Stadtarbeiter liegt nicht darin, daß er lange arbeitet und wenig bekommt, sondern darin, daß er der natürlichen Bedingungen des Lebens inmitten der Natur beraubt ist, daß er keine Freiheit hat, daß er zur unfreien, fremden und eintönigen Arbeit gezwungen wird.

(Die Sklaverei unserer Zeit)

Die Bedingungen des Lebens aber, an welche die Menschen aus den begüterten Klassen gewöhnt sind, bildet eben jene reiche Produktion der verschiedenartigen Gegenstände, die für ihre Bequemlichkeiten und Vergnügungen nötig ist und die nur dank den jetzt bestehenden Fabriken und Werkstätten und unter ihrer jetzigen Organisation möglich ist. Wenn nun die Männer der Wissenschaft über die Verbesserung der Lage der Arbeiter diskutieren, so schlagen sie als Vertreter der begüterten Klasse immer nur solche Verbesserungen vor, unter denen die Fabrikproduktion fortbestehen, und die Bequemlichkeiten des Lebens, die sie dadurch genießen, dieselben bleiben sollen.

(Die Sklaverei unserer Zeit)

Wenn die Menschen nur begreifen werden, daß man kein Recht hat, seine Mitmenschen für die eigenen Vergnügungen auszunutzen, so werden sie alle Fortschritte der Technik so anzuwenden verstehen, daß sie das Leben ihrer Brüder nicht vernichten. Sie werden lernen, das Leben so einzurichten, daß sie alle technischen Machtmittel über die Natur benutzen, die man benutzen darf, ohne ihre Mitmenschen zu Sklaven zu machen.

(Die Sklaverei unserer Zeit)

Worin besteht denn die Sklaverei unserer Zeit? Wodurch werden die einen Menschen Sklaven der anderen? Wenn wir die Arbeiter in Rußland sowie die in Europa und Amerika, die in Fabriken und bei den verschiedenen Dienstleistungen in Stadt und Land beschäftigt sind, fragen, was die Menschen gezwungen hat, jene Lage zu wählen, in der sie sich befinden, so werden sie alle sagen, daß sie dazu geführt hat: entweder, daß sie keinen Boden haben, auf dem sie leben und arbeiten können; oder daß man von ihnen Steuern fordert, direkte und indirekte, die sie nicht anders bezahlen können, als durch Verrichtung fremder Arbeit; oder auch, daß die Versuchungen der luxuriösen Gewohnheiten, die sie sich angeeignet haben und die sie nur durch den Verkauf ihrer Freiheit und ihrer Arbeit befriedigen können, sie in den Fabriken zurückhalten.

(Die Sklaverei unserer Zeit)

Wir sind sehr besorgt um die Sonntagsruhe der Handlungsgehilfen, noch mehr um die Nichtübermüdung unserer Kinder in den Gymnasien, wir verbieten den Lastfuhrleuten aufs strengste, ihre Pferde zu überlasten, wir richten sogar Schlachthöfe ein, in denen die Leiden der zum Schlachten bestimmten Tiere auf das Minimum reduziert werden sollen.

Was ist denn das für eine sonderbare Umnachtung, die uns befällt, sobald es sich um die Millionen von Arbeitern handelt, die sich überall langsam und oft qualvoll zugrunde richten durch jene Arbeiten, deren Erzeugnisse wir zu unserer Bequemlichkeit und zu unserem Vergnügen gebrauchen?

(Die Sklaverei unserer Zeit)

Es offenbart sich immer mehr und mehr, daß die Kultur nur dank dem Zwange der Arbeiter zur Arbeit existieren kann.

(Die Sklaverei unserer Zeit)

Je mehr sich die Lage der Arbeiter verschlechtert, desto mehr wächst ununterbrochen ihre Abhängigkeit von den Reichen, und mit derselben Gleichmäßigkeit und Stetigkeit wächst der Reichtum der Reichen, ihre Macht über das Arbeitervolk, ihre Furcht und ihr Haß.

(Das Gesetz der Gewalt und das Gesetz der Liebe)

Ach, dieser Luxus, dieser Reichtum, diese unaufhörliche Sorge um das materielle Leben! Wie ein an Nährstoffen überladener Boden. Reinigt und brennt man alles ringsherum aus, so gibt der zu fette Boden gute Ernte; sonst überwuchert er mit allerlei Unkraut und wird entsetzlich.

(Tagebücher)

Es ist, als ob die Menschheit unserer Zeit an irgend etwas hängen geblieben wäre; als wäre irgendeine äußere Ursache vorhanden, welche sie verhinderte, die Stellung einzunehmen, die ihr nach dem eigenen Bewußtsein ziemt, und diese Ursache – wenn nicht die einzige, so doch die hauptsächlichste – diese Ursache ist der physische Zustand der Betäubung, in welchen sich durch Wein und Tabak die ungeheure Mehrzahl der Menschen unserer Welt versetzt.

(Warum die Menschen sich betäuben)

Es ist kein Zweifel daran, daß die Panzerschiffe, die Eisenbahnen, der Buchdruck, die Tunnels, die Phonographen, die Röntgenstrahlen und so weiter sehr gut sind. Alles dies ist sehr gut; aber gut ist auch, unvergleichlich über alles gut, wie Ruskin gesagt hat, – das Leben des

Menschen, welches jetzt erbarmungslos millionenweise für die Erwerbung von Panzerschiffen, Eisenbahnen, Tunnels untergeht, die nicht einmal das Leben verschönen, sondern es nur verunstalten … Sobald die Menschen nicht alle Menschen für ihre Brüder halten, und solange das menschliche Leben nicht für den allerheiligsten Gegenstand gilt, welcher nicht nur nicht verletzt werden darf, sondern welchen zu erhalten als allererste, unerläßlichste Pflicht gerechnet wird: d. h. wenn die Menschen zueinander sich nicht religiös verhalten, so werden sie immer für ihren persönlichen Vorteil das Leben des Nächsten vernichten.

(Was ist Religion?)

Je kranker die Gesellschaft ist, desto mehr Anstalten sind für die Heilung der Symptome vorhanden und desto weniger ist man um die Änderung des gesamten Lebens besorgt.

(Über Erziehung und Bildung)

Es gibt kein leitendes religiöses Prinzip unter den Völkern der christlichen Welt.

Es gibt nur eine religiöse, eine kirchliche Lüge; und nicht nur eine, sondern verschiedene, die sich feindselig gegenüberstehen: die katholische, die griechisch-katholische, die lutherische usw. Es gibt wissenschaftliche Lügen, und zwar sehr viele verschiedene, die einander befeinden und befehden. Es gibt politische Lügen und internationale Parteilügen. Es gibt Lügen der Kunst, Lügen der Überlieferung und Lügen der Gewohnheit. Es gibt viele sehr verschiedenartige Lügen, aber ein leiten-

des moralisches Prinzip, das auf einer religiösen Weltanschauung basiert, gibt es nicht. Und die Menschen der
christlichen Welt leben dahin wie die Tiere, nur geleitet
durch ihre persönlichen Interessen und den gegenseitigen Kampf, und unterscheiden sich nur dadurch von
den Tieren, daß diese sich seit undenklichen Zeiten denselben Magen, dieselben Krallen und dieselben Stoßzäh-
ne erhalten, während die Menschen mit immer größerer
Geschwindigkeit von Landstraßen zu Eisenbahnen, von
der Pferdekraft zu den Dampfmaschinen, von der
mündlichen Rede und der Schrift zur Buchdruckerei, zu
Telegraphen und Telefonen, von den Segelbooten zu
Ozeandampfern, von den Handwaffen zu Pulver, Kano-
nen, Mausergewehren, Bomben und Kriegsaeroplanen
übergehen. Und das Leben mit seinen Telegraphen, Telefonen, seiner Elektrizität, seinen Bomben und Aero-
planen und dem Haß aller gegen alle, das Leben, das von
keinem vereinigenden geistigen Prinzip geleitet, sondern, im Gegenteil, von allen tierischen Instinkten, die
die geistigen Kräfte zu ihrer Befriedigung benutzen, zer-
rissen wird, – dieses Leben wird immer mehr erfüllt von
Wahnsinn und Elend.

(Das Gesetz der Gewalt und das Gesetz der Liebe)

Für Menschen unserer Welt gibt es keine einzige Frage,
an welche sie schlicht und einfach herantreten könnten:
alle Fragen – ökonomische, innere und äußere Fragen
der Regierung, politische, diplomatische, wissenschaftliche, schon nicht zu reden von philosophischen und religiösen Fragen – sind so künstlich inkorrekt aufgestellt,
und darum mit einem so dichten Schleiertuch von kom-

plizierten, unnötigen Erwägungen, von spitzfindigen Begriffs- und Wortverdrehungen, von Sophismen und Streitigkeiten umstrickt, daß alle Erwägungen solcher Fragen sich auf einer Stelle im Kreise drehen, ohne etwas zu erfassen und, wie ein Rad ohne den treibenden Transmissionsriemen, zu gar nichts führen, außer jenem einzigen Ziel, zu dessen Zweck sie auftauchen: dazu, vor sich selber und den Menschen das Böse zu verbergen, worin sie leben und was sie begehen.

(Was ist Religion?)

Die Menschen entfernen sich immer mehr und mehr, immer weiter und weiter von der Möglichkeit, die Wahrheit in sich aufzunehmen.

(Was ist Religion?)

Es scheint den Menschen, daß ihre Lage sich infolge der Änderung der äußeren Lebensformen bessert. Indessen ist die Änderung der äußeren Lebensformen stets nur eine Folge des veränderten Bewußtseins, und das Leben wird nur in dem Maße verbessert, in welchem diese Änderung auf der Änderung des Bewußtseins gegründet ist.

Alle äußeren Änderungen der Lebensformen, denen keine Änderungen des Bewußtseins zugrunde liegt, verbessern nicht nur die Lage der Menschen nicht, sondern verschlechtern sie meist noch.

(Das Gesetz der Gewalt und das Gesetz der Liebe)

Der hauptsächlichste Irrtum des Menschen ist der, daß es jedem einzelnen scheint, als ob die Richtschnur seines Lebens das Streben nach Genuß und der Verzicht auf das Vermeiden der Leiden sei.

(Der Sinn des Lebens)

Nicht der Eigennutz und der Neid, nicht Parteiprogramme und Haß, nicht Grimm und Ehrgeiz, ja selbst nicht das Gefühl der Gerechtigkeit und vor allem nicht der Wunsch, das Leben anderer Menschen umzugestalten, wird euch von dem Übel, das ihr erleidet, retten und erlösen und euch das wahre Wohl geben, nach dem ihr in so unvernünftiger Weise strebt, sondern nur die Arbeit an der eigenen Seele, die, so sonderbar es auch erscheinen mag, kein äußeres Ziel hat und keiner Erwägung bedarf, was sie zu erreichen imstande ist.

(Das Gesetz der Gewalt und das Gesetz der Liebe)

Ich habe mich vom Leben unserer Kreise losgesagt, denn ich habe erkannt, dass dies kein Leben, sondern nur Abklatsch des Lebens ist, dass der Überfluss, in welchem wir leben, uns der Möglichkeit beraubt, zu begreifen, was das Leben ist, und zwar nicht das unsrige Schmarotzerleben, sondern jenes des einfachen, arbeitenden Volkes, jenes Volkes, welches das Leben schafft.

(Meine Beichte)

Sobald ich begriffen hatte, was Reichtum und Geld sind, erkannte ich deutlich, ja mit absoluter Gewissheit, was alle anderen tun müssen, ja zwangsläufig tun werden. (…) Ich begriff, dass der Mensch nicht ausschließlich für sein eigenes Glück leben darf, sondern notwendigerweise auch dem Glück anderer Menschen dienen muss. (...) Ich begriff, dass dies das Naturgesetz des Menschen ist, jenes Gesetz, welches ihm ermöglicht, seine Bestimmung zu erfüllen, glücklich zu werden. (...) Ich begriff, dass das Unglück der Menschen in der Sklaverei liegt, welche die einen den anderen auferlegen. Ich begriff, dass die Sklaverei unserer Zeit durch den Kriegsdienst, die Aneignung von Grund und Boden und das Eintreiben von Geld herbeigeführt wird. Und nachdem ich diese drei Grundlagen der neuen Sklaverei erkannt hatte, konnte ich nur eins wünschen, nämlich daran nicht länger teilzuhaben.

(Was sollen wir denn tun?)

Die Serie der von den Mächtigen und Reichen empfundenen Gefühle, die von der Rolle der Arbeit im Leben keine Ahnung haben, ist viel armseliger, viel beschränkter und unbedeutender, als die Serie der dem arbeitenden Menschen natürlichen Gefühle.

(Gegen die moderne Kunst)

Es kam der Augenblick, da ich mich entsetzte. Wir leben von fremden Mühen, schreiben anderen vor, sie hätten für uns zu arbeiten, setzen Kinder in die Welt, die wir für dasselbe Leben erziehen. Ja, dann kommt das Alter, der Tod, und ich werde mich fragen: Wozu habe ich gelebt? Um Schmarotzer zu zeugen, wie ich einer bin?

(Und das Licht leuchtet in der Finsternis)

In ganz Rußland, ja, ich glaube nicht allein in Rußland, sondern in der ganzen Welt geschieht dasselbe. Die Reichtümer der bäuerischen Produzenten gehen in die Hände der Händler, der Gutsbesitzer, der Beamten, Fabrikanten über, und die Leute, welche diese Reichtümer empfangen, wollen sie genießen. Voll und ganz können sie dieselben nur in der Stadt genießen. Im Dorfe kann man erstens wegen der Zerstreutheit der Bevölkerung schwer die Befriedigung der Bedürfnisse reicher Leute finden, es gibt da nicht all die verschiedenen Handwerker, Verkaufsläden, Banken, Restaurants, Theater und öffentliche Vergnügungen aller Art. Zweitens kann eine der hauptsächlichsten Annehmlichkeiten, welche der Reichtum gewährt – der Ehrgeiz, das Verlangen, die Bewunderung anderer zu erwecken und sie an Luxus zu übertreffen – abermals wegen der Zerstreutheit der Bevölkerung im Dorfe schwer befriedigt werden. Im Dorfe gibt es wenig Leute, welche den Aufwand würdigen, da ist niemand, dessen Bewunderung man erregen könnte. Was für Verschönerungen seines Hauses, Gemälde, Bronzen, was für Equipagen, Toiletten der Dorfbewohner sich auch anschaffen mag – die Bauern verstehen dies alles nicht.

Und darum sammeln sich die reichen Leute bei einander und bauen sich bei eben solchen reichen Leuten mit denselben Bedürfnissen in den Städten an, wo die Befriedigung eines jeglichen luxuriösen Geschmacks sorgfältig durch die Polizei geschützt wird.

(Unsere Armen und Elenden)

Ich wollte den Armen bloß deshalb helfen, weil ich Geld habe, und ich teilte den allgemeinen Wahn, daß das Geld der Vertreter der Arbeit oder überhaupt etwas Gutes sei, doch nachdem ich begonnen hatte, dieses Geld zu geben, ersah ich, daß Geld an und für sich nichts Gutes, sondern offenbar ein Übel sei, welches die Menschen des hauptsächlichsten Heils der Arbeit und des Genusses dieser Arbeit beraubt, und daß ich dieses Heil niemandem zuwenden könne, weil ich selbst desselben beraubt sei: bei mir gibt es keine Arbeit und das Glück nicht, aus meiner Arbeit Nutzen zu ziehen.

(Unsere Armen und Elenden)

Ob die Mühe, welche auf die Erwerbung des Geldes verwendet worden war, dem Vergnügen, welches der dafür erkaufte Gegenstand gewährte, wirklich entsprach, diese Erwägung war schon lange verloren gegangen.

(Anna Karenina)

Ach, das Geld, das Geld! Wieviel Unheil verursacht das Geld in dieser Welt.

(Krieg und Frieden)

Was liegt am Geld. Geld ist Staub.

(Polikuschka)

Das Geld ist das Recht oder die Möglichkeit, von fremder Arbeit zu leben. Das Geld ist eine neue Form der Sklaverei, die sich von den älteren Formen nur durch das Unpersönliche des Sklaventums unterscheidet, durch die Befreiung von den Fesseln aller menschlichen Beziehungen zum Sklaven.

(Was sollen wir denn tun?)

Wir sind derart an den Gedanken gewöhnt, daß alles nur für uns da sei, daß die Erde mir gehöre, daß wir uns im Angesicht des Todes wundern, wenn diese meine Erde, mein Eigentum also dableibt, während ich davongehe. Der Irrtum besteht darin, daß mir die Erde als etwas Erworbenes, mir beigegeben erscheint, während ich doch von der Erde erworben, ihr beigegeben bin.

(Tagebücher)

Die Hauptursache aller Leiden ist also die, daß man das erwartet, was nicht vorhanden ist, nicht aber das erwartet, was stets da ist. Und von diesen Leiden kann man nur dadurch erlöst werden, daß man keine Freuden erhofft und nur Böses erwartet und sich darauf bereitet, es zu ertragen. (…)

Deshalb sind auch die Armen weniger unglücklich als die Reichen: sie wissen im voraus, daß ihnen Mühe, Kampf und Plage bevorsteht, und so schätzen sie alles, was ihnen Freude bietet. Weil die Reichen sich aber auf lauter Glück gefaßt machen, so sehen sie in allen Hindernissen nur Mißgeschick und übersehen und mißachten das Gute, das ihnen zuteil wird.

(Tagebücher)

Es gibt kein unnützer Ding als das Zusammenraffen, Aufbewahren oder Vermehren von Reichtümern.

(Tagebücher)

Es ist ein Merkmal der Entartung unserer Welt, daß sich die Leute ihres Reichtums nicht schämen, ja daß sie auf ihren Reichtum stolz sind.

(Tagebücher)

Wir alle – und das ist kein Gleichnis, sondern fast die Beschreibung der Wirklichkeit – wachsen auf und werden erzogen in einem Räubernest. Und erst, wenn wir erwachsen sind und uns umblicken, begreifen wir, wo wir sind und was wir treiben. Dann gilt es für jeden Einzelnen, sich zu entscheiden: die einen schließen sich den Räubern an und plündern, die andern meinen, daß sie nicht schuldig sind, wenn sie am Raube bloß teilhaben, ohne ihn gutzuheißen, besonders wenn sie sich bemühen, ihn zu verhindern; wieder andere lehnen sich auf und möchten das Räubernest am liebsten zerstören, aber sie sind schwach und ihrer sind zu wenige. Was soll man tun?

(Tagebücher)

Von den ärmsten an bis zu den begütertsten Klassen der Gesellschaft auf ist meines Erachtens die Gefräßigkeit das verbreitetste Laster unseres Lebens.

(Die erste Sprosse)

Entsetzlich sind weniger die Leiden und der Tod der Tiere als der Umstand, daß der Mensch ohne Not die edelste Regung seiner Seele, das Mitleid für die Mitgeschöpfe, in sich unterdrückt, mit Gewalt sein Herz dagegen verhärtend. Und wie tief ist es eingegraben in das Menschenherz, das Verbot, die Tiere zu töten!

(Die erste Sprosse)

Das Fleisch soll der gehorsame Hund des Geistes sein, eilends seine Gebote zu erfüllen; aber wir – wie leben wir? Das Fleisch rast und praßt, und der Geist folgt ihm hilflos und elend.

(Erinnerungen an Lew Nikolajewitsch Tolstoi)

Der Profit des einen Räubers ruft stets den Neid anderer hervor, und die gemachte Beute wird zum Gegenstande des Streites und die Ursache des Verderbens für diejenigen, die sie gemacht. Dasselbe geht bei den Hunden vor sich, und genau so ist es bei den Menschen, die zu Tieren herabgesunken sind.

(Briefe)

Erwerb auf unehrlichem Wege, durch Anwendung von List, ebenso wie der Erwerb von Bankbureaus, sind von Übel (…)

(Anna Karenina)

Land darf man, meiner Meinung nach, weder verkaufen noch kaufen, weil, wenn man es verkaufen darf, diejenigen, die Geld haben, das ganze Land aufkaufen, und dann werden sie von demjenigen, der kein Land hat, für das Recht, es zu benutzen, so viel nehmen, wie sie wollen; sie werden Geld dafür nehmen, daß man auf der Erde stehen dürfe.

(Auferstehung)

Wissen, daß irgendwo, weit von hier, die einen Menschen die anderen quälen, indem sie sie auf allerlei Weise moralisch verderben, allen möglichen unmenschlichen Erniedrigungen und Leiden unterwerfen, oder während dreier Monate fortwährend dieses Verderben und diese Quälerei der einen Menschen seitens der andern mit ansehen, – das ist etwas ganz anderes.

(Auferstehung)

Wir meinen, wirkliche Arbeit müsse etwas äußerliches sein: ein Erzeugen, Vermehren, Vermögen, Haus, Vieh, Frucht, die Arbeit an der eigenen Seele aber sei bloß eine Phantasie. Indes ist aber jede andere Arbeit außer der an der eigenen Seele, durch die die Gewohnheit des Guten vermehrt wird, nichtig.

(Tagebücher)

Mein Erwachen bestand darin, daß ich an der Realität der materiellen Welt zu zweifeln begann. Sie verlor für mich alle Bedeutung.

(Tagebücher)

Die großen Vermögen entstehen immer entweder durch Gewalt – das ist das gewöhnlichste – oder durch Geiz, oder durch einen großartigen Spitzbubenstreich, oder durch kleinere aber chronische Betrügereien.

(Aufruf an die Menschheit)

Je moralischer ein Mensch ist, um so sicherer geht er des Vermögens, das er besitzt, verlustig, und je unsittlicher er ist, um so sicherer erhält und vermehrt er sein Vermögen. Die Volksweisheit sagt: »Ist gerecht die Arbeit dein, baut sie dir kein Haus aus Stein« und »Arbeit macht nicht reich, sondern bucklig«.

(Aufruf an die Menschheit)

Es kommt die Zeit, und sie ist schon da, wo die Täuschung, welche die – mündliche – Verneinung dieses Lebens zum Zweck der Schaffung eines zukünftigen und die Anerkennung der bloßen, tierischen, persönlichen Existenz für das Leben und der sogenannten Pflicht für das Werk des Lebens ausgibt, – wo diese Täuschung der Mehrzahl der Menschen klar wird und wo nur noch durch die Not verdummte und durch ein wüstes Leben abgestumpfte Menschen existieren können, ohne die Sinnlosigkeit und Armseligkeit ihres Daseins zu empfinden.

(Das Leben)

»Die Hauptquelle ist die Liebe«

Das Wesen der Liebe,
Leidenschaften und Ehe

Die Liebe, die Aufopferung – das ist das einzig wahre, vom Zufall unabhängige Glück!

(Der Morgen eines Gutsbesitzers)

Die Liebe ist die Bevorzugung anderer Wesen vor sich selbst – vor seiner tierischen Persönlichkeit.

(Das Leben)

Die Liebe kann nicht schädlich sein, sobald es die wahre Liebe ist und nicht der Wolf der Selbstsucht im Schafspelz der Liebe.

(Briefe)

Eine Liebe in der Zukunft gibt es nicht; die Liebe ist immer eine Tätigkeit in der Gegenwart. Der Mensch aber, der keine Liebe in der Gegenwart kundgibt, besitzt keine Liebe.

(Das Leben)

Die Liebe ist nur dann Liebe, wenn sie das Opfer unseres Selbst ist.

(Das Leben)

Leute, die lieben, irren nie.

(Briefe)

Liebe heißt aber nicht exklusive Zuneigung, sondern gutes, unböses Verhalten zu jeder lebenden Kreatur.

(Tagebücher)

Die wahre Liebe hat stets zur Grundlage die Verleugnung des Wohles der Persönlichkeit und das aus ihr entstehende Wohlwollen gegen alle Menschen. Nur auf diesem allgemeinen Wohlwollen kann die wahre Liebe zu gewissen Menschen – zu eigenen und fremden – aufwachsen. Und nur eine solche Liebe gibt das wahre Wohl des Lebens und löst den scheinbaren Widerspruch zwischen dem tierischen und dem vernünftigen Bewußtsein.

(Das Leben)

Die einzige Tätigkeit, die das ganze Wesen ergreift und keiner Enttäuschung ausgesetzt ist und keinen Wetteifer kennt, ist die Selbstvervollkommnung in der Liebe, welche allein die Selbstvervollkommnung in allem umfaßt, was es auch wäre. Denn in allem ist eine Grenze und gibt es einen Neid gegen die, die mehr erreicht haben, in allem – nur nicht in der Liebe.

(Tagebücher)

Man kann nicht alle gleichmäßig lieben. Und es ist ein großes Glück, wenigstens *einen* Menschen besonders lieb zu haben, aber auch nur ihn oder sie zu lieben und nicht sich selbst, nicht seinen eigenen Genuß, den man bei der Vereinigung mit ihm oder mit ihr empfindet.

(Briefe)

Ich denke, wie viel Köpfe, so viel Sinne und ebenfalls, wie viel Herzen so viel Arten von Liebe.

(Anna Karenina)

Ich glaube, daß man, um die Liebe zu erkennen, sich erst in ihr täuschen muß, um sich dann zu bessern.

(Anna Karenina)

Wir entdecken die Schönheit, weil wir lieben müssen.

(Tagebücher)

Frei ist nur derjenige, der durch niemanden und durch nichts an seinem Tun verhindert werden kann. Diese Freiheit findet er allein in der Liebe.

(Tagebücher)

Die Menschen glauben, es gebe Umstände, so man mit den Menschen ohne Liebe umgehen dürfe; solche Lagen gibt es aber nicht! Mit den Sachen kann man ohne Liebe umgehen; man darf Bäume fällen, Ziegel machen, Eisen schmieden – ohne Liebe; mit den Menschen aber darf man nicht ohne Liebe umgehen, ebenso wenig, wie man Bienen ohne Vorsicht behandeln darf. Das ist die Eigenschaft der Bienen. Wenn man mit ihnen ohne Vorsicht umgeht, so wird man ihnen und sich selber schaden. Ebenso auch mit den Menschen. Und es kann nicht anders sein, weil die gegenseitige Liebe zwischen den Menschen das fundamentale Gesetz des menschlichen Lebens bildet. Es ist wahr, daß der Mensch sich nicht zwingen kann zu lieben, wie er sich zwingen kann zu arbeiten, aber daraus folgt nicht, daß man mit den Menschen ohne Liebe umgehen dürfe, besonders, wenn man etwas von ihnen verlangt. Wenn du keine Liebe zu den Menschen fühlst, so sitze still (…), beschäftige dich mit dir selbst, mit Sachen, womit du willst, nur nicht mit den

Menschen. Wie man essen ohne Schaden und mit Nutzen nur dann kann, wenn man hungrig ist, ebenso kann man mit Menschen nur dann ohne Schaden und mit Nutzen umgehen, wenn man sie liebt. Laß dich nur die Menschen ohne Liebe behandeln (…) und es gibt keine Grenze mehr für die Bestialität und Grausamkeit, den anderen Menschen gegenüber (…), und es gibt keine Grenze für das eigene Leiden (…).

(Auferstehung)

Ich begriff: den Menschen scheint es nur so, als lebten sie von der Sorge um sich selbst; in Wahrheit leben sie nur von der Liebe.

(Wovon die Menschen leben)

Das höchste Glück der Menschen ist: geliebt zu werden, darum ist dieser Wunsch auch in jedes Menschen Herz gelegt (verkehrt drückt sich dies durch Eigenliebe und Eitelkeit aus). Doch um geliebt zu werden, ist es wohl nötig, selbst zu lieben.

(Tagebücher)

Sucht nur das eine in eurer Seele: die Summe der Liebe zu vermehren durch die Vernichtung alles dessen, was ihr hinderlich ist, der Fehler, der Sünden und der Leidenschaften, und ihr werdet das Wohl der Menschen auf die wirksamste Weise fördern.

(Das Gesetz der Gewalt und das Gesetz der Liebe)

Der böseste Mensch bekommt ein strahlendes Gesicht, wenn man ihm sagt, daß man ihn liebt. Folglich liegt darin das Glück und zwar das größte Glück der Menschen. Es gibt ein Mittel, dieses Glückes teilhaftig zu werden, und dieses Mittel heißt lieben, lieben; wenn du liebst, so wird man dich wieder lieben.

(Tagebücher)

Lustig und schön ist das Leben, wenn das Gewissen rein ist und man jemanden hat, den man liebt und für den man sorgt.

(Zwei Husaren)

Schon seit zwei Tagen grüble ich darüber nach, wie traurig es ist, dass alle Menschen dieser Welt so große Egoisten sind, und dass ich der erste unter ihnen bin. Ich mache niemandem Vorwürfe, und doch glaube ich, dass es sehr schlimm ist; nur in einem Falle gibt es keinen Egoismus: zwischen Mann und Frau, die einander lieb haben.

(…) Das Hündchen habe ich nur darum so lieb gewonnen, weil es kein Egoist ist. Wenn wir doch so zu leben verständen, dass das Glück anderer unser eigenes ausmachte.

(Briefe)

Wir lieben, wenn wir in die Seele eines anderen eindringen, seine Gefühle haben und ebenso wie er wissen, was ihm teuer ist, worin seine Kraft und seine Schwäche liegt. Wenn man das erreicht (…), welche Freiheit, Kraft und Ruhe empfindet man dann.

(Briefe)

Wenn man liebt, liebt man den ganzen Menschen so, wie er ist, nicht so, wie man will, daß er sei.

(Anna Karenina)

Die Achtung hat man erdacht, um eine leere Stelle damit zu verdecken, auf welcher die Liebe sein müßte.

(Anna Karenina)

Sind wir denn nicht alle nur dazu in die Welt geworfen worden, um einander zu hassen, und uns und die anderen deshalb zu martern?

(Anna Karenina)

Es gibt nie versiegende Quellen der Freude: die Schönheit der Natur, der Tiere, der Menschen – die nie fehlen. Im Gefängnis – die Schönheit des Lichtstrahls, der Fliege, der Töne. Und die Hauptquelle ist die Liebe – meine Liebe zu den Menschen und die der Menschen zu mir.

Wie der Athlet die Stärkung seiner Muskeln erstrebt, so erstrebe auch du die Vermehrung der Liebe oder wenigstens die Verminderung der Bosheit und der Lüge, und das Leben wird voll und freudig sein.

(Der Sinn des Lebens)

Es gibt drei Arten von Liebe: erstens die schöne Liebe, zweitens die selbstlose Liebe, und drittens die tatkräftige Liebe.

Ich spreche nicht von der Liebe eines jungen Mannes zu einem jungen Mädchen und umgekehrt. Ich habe eine Scheu vor diesen Zärtlichkeiten ... Ich spreche von der Liebe zum Menschen, welche, nach der größeren oder geringeren Kraft der Seele zu urteilen, sich auf einen auf einige Jahre konzentriert oder sich über viele ergießt, von der Liebe zur Mutter, zum Vater, zu den Kindern, zu dem Landsmann, von der Liebe zum Menschen.

Die *schöne Liebe* besteht in der Liebe der Schönheit des Gefühls selbst und seines Ausdrucks. Für Menschen, die so lieben, ist der geliebte Gegenstand nur insoweit liebenswert, als er das angenehme Gefühl der Liebe erweckt, an dessen Bewußtsein und Erscheinungsformen sie sich ergötzen. Die Menschen, welche mit schöner Liebe lieben, kümmern sich weniger um die Gegenliebe, als um einen Umstand, der nicht den geringsten Einfluß auf die Schönheit und die Annehmlichkeit des Gefühls hat. Sie wechseln häufig den Gegenstand ihrer Liebe, da ihr Hauptziel darin besteht, daß das angenehme Gefühl der Liebe beständig erregt sei ...

Die zweite Art der Liebe, die *selbstlose Liebe*, besteht in der Liebe zu dem Aufopferungsprozeß der eigenen Person zugunsten des geliebten Gegenstandes ohne Rücksicht darauf, ob dem geliebten Gegenstande durch die Opfer wohl oder weh getan wird. »Es gibt keinen Schmerz, den ich nicht bereit wäre mir zuzufügen, um der ganzen Welt und ihm oder ihr meine Hingabe zu beweisen.« Das ist die Formel dieser Art der Liebe. Menschen, die so lieben, glauben nie an Gegenseitigkeit ... Die Menschen, die zur selbstverleugnenden Liebe geneigt sind, sind immer stolz auf ihre Liebe, herausfordernd, eifersüchtig, mißtrauisch und, so sonderbar es klingt, sie wünschen ihrem Gegenstande Gefahren, um ihn von dem Unglück zu befreien, ihn zu trösten, ja, sogar Laster, um ihn zu bessern ...

Die dritte Art, die *tatkräftige Liebe*, besteht in dem Bestreben, alle Bedürfnisse, alle Wünsche, alle Launen, ja, alle Fehler des geliebten Wesens zu befriedigen. Menschen, die so lieben, lieben immer *fürs* ganze Leben; denn je mehr sie lieben, desto mehr lernen sie den geliebten Gegenstand kennen, desto leichter wird es ihnen, zu lieben, das heißt, seine Wünsche zu befriedigen. Ihre Liebe drückt sich selten in Worten aus, wenn es aber geschieht, geschieht es nicht nur nicht selbstgefällig, schön, sondern schamhaft, linkisch, denn sie fürchten immer, nicht genug zu lieben.

(Lebensstufen)

... in der ersten Jugend lieben wir nur mit Leidenschaft und daher nur vollkommene Menschen. Sobald aber der Nebel der Leidenschaftlichkeit sich langsam verzieht oder die hellen Strahlen der Urteilskraft ihn unwillkürlich durchdringen und wir den Gegenstand unserer Leidenschaft in seiner wahren Gestalt erblicken, mit Vorzügen und Mängeln, – fallen uns nur die Mängel wie etwas Unerwartetes grell und stark vergrößert in die Augen, die Sehnsucht nach Neuem, die Hoffnung, daß die Vollkommenheit bei einem anderen Menschen nichts Unmögliches sei, treibt uns nicht nur zur Gleichgültigkeit, sondern auch zur Abneigung gegen den bisherigen Gegenstand unserer Leidenschaft, und wir geben ihn ohne Bedauern auf und eilen weiter, neue Vollkommenheiten zu suchen.

(Jünglingsjahre)

Das Wohl der Menschen, die Liebe zu den Menschen ist: sie zu lieben und von ihnen wieder geliebt zu werden. Um dieses aber zu erreichen, kenne ich drei Arten der Tätigkeit, in denen ich mich immer übe, worin man sich nie genug üben kann. Das erste ist: Damit man imstande sei, die Menschen zu lieben und von ihnen geliebt zu werden, muß man es lernen, so wenig als möglich von ihnen zu verlangen, denn, wenn ich viel verlange, so muß ich vielem entsagen; muß ich oft entsagen, so bin ich leicht geneigt, nicht zu lieben, sondern Vorwürfe zu machen – hier liegt noch viel Stoff zur Arbeit.

Das zweite –: Man soll die Menschen nicht mit Worten, sondern mit Werken lieben, man muß es lernen, zu tun, was den Menschen von Nutzen ist. Hier liegt noch mehr Stoff zur Arbeit vor.

Das dritte –: Um die Menschen zu lieben und geliebt zu werden, muß man sich üben in der Friedfertigkeit und in der Sanftmütigkeit, in der Kunst, unangenehme Menschen und Unannehmlichkeiten ertragen zu lernen. Man muß die Kunst lernen, so mit den Menschen umzugehen, daß man niemand kränke, und wenn es unmöglich ist, niemand zu kränken, ein Mindestmaß der Kränkung ausfindig zu machen. Und hierin liegt noch mehr Stoff zur Arbeit, einer fortdauernden Arbeit vom Erwachen bis zum Schlafengehen.

(Briefe)

Wie der Mensch gleich allen Tieren dem Kampf ums Dasein unterworfen ist, so steht er in seiner Eigenschaft als Tier unter dem Gesetze der Fortpflanzung durch sein Geschlecht. Aber der Mensch findet als Mensch ein anderes Gesetz in sich selbst, ein Gesetz, das dem Kampfe widerstrebt, – das Gesetz der Liebe – und ebenso das Gesetz der Keuschheit, das der geschlechtlichen Gemeinschaft zum Zweck der Vermehrung entgegenstrebt.

(Über die sexuelle Frage)

Das Leben ist die Tätigkeit der tierischen, dem Gesetze der Vernunft unterworfenen Persönlichkeit. Die Vernunft ist dasjenige Gesetz, dem die tierische Persönlichkeit des Menschen um seines Wohles willen unterworfen sein muß. Die Liebe ist die einzige vernünftige Tätigkeit des Menschen.

Die tierische Persönlichkeit strebt nach dem Wohle; die Vernunft zeigt dem Menschen das Trügerische des persönlichen Wohles und duldet nur einen Weg. Die Tätigkeit auf diesem Wege ist die Liebe.

(Das Leben)

Zur Liebe kann man sich nicht zwingen, wohl aber kann man die Hindernisse, die der Liebe entgegenstehen, beseitigen.

(Tagebücher)

Alle Not, die aus den geschlechtlichen Beziehungen, aus allen Arten von Liebe hervorgeht, kommt nur daher, daß wir die fleischliche Begierde mit dem geistigen Leben verwechseln – es ist schrecklich, das auszusprechen – mit der reinen Liebe; wir brauchen unsern Verstand nicht dazu, um sie mit den Pfauenfedern des Geistigen auszuschmücken.

An dieser Stelle »les extrèmes se touchent«; alle Zuneigung zwischen den Geschlechtern dem Geschlèchtstriebe zuzuschreiben, scheint materiell zu sein, aber es ist im Gegenteil das allergeistigste Verhalten – aus dem Gebiete des Geistigen alles auszuscheiden, was nicht hineingehört, damit es hoch genug gehalten werden könne.

(Über die sexuelle Frage)

Gestern las ich »Ohne Dogmen«*. Sehr fein ist die Liebe zur Frau beschrieben – so zart – viel feiner als bei den Franzosen – wo sie sinnlich, als bei den Engländern – wo sie pharisäisch, und bei den Deutschen – wo sie schwülstig ist.

(Briefe)

Die Leidenschaft ist die Quelle des größten Elends; wir verkleinern, dämpfen sie nicht etwa, nein, wir entfachen sie auf jede Weise und dann beklagen wir uns, daß wir leiden.

(Über die sexuelle Frage)

---

* Titel eines Romans aus dem Polnischen des Sienkjewitsch.

Die Frauen wissen sehr wohl, daß die erhabenste, wie wir sie nennen, poetischste Liebe nicht von sittlichen Vergehen abhängt, sondern von physischer Annäherung, und dann auch von der Frisur, von der Farbe, von dem Schnitt der Kleider.

(Kreutzersonate)

Das Band zwischen Mann und Weib, dem Kinder entsprossen, ist unzerreißbar, unbeschadet dessen, ob es durch eine äußere Form, durch den kirchlichen Segen geheiligt ist oder nicht.

(Briefe)

Die Mehrzahl der Leiden, die aus dem Verhältnis von Mann und Frau entspringen, beruhen auf der vollkommenen Verständnislosigkeit, die das eine Geschlecht beim andern vorfindet.

(Tagebücher)

Bei aller ehelichen Liebe darf man auch nicht einen einzigen Augenblick die Liebe und Achtung verlieren, die der Mensch dem Menschen schuldig ist.

(Briefe)

Die Heirat verleiht einem nur dann Glück, wenn das Ziel ein und dasselbe ist; wie wenn zwei Menschen sich auf dem Wege treffen und sagen: »Komm, laß uns Zusammengehen.« »Komm«, und man gibt einander die Hand; nicht aber, wenn zwei Menschen sich gegenseitig anziehen und dabei vom Wege abbiegen.

(Über die sexuelle Frage)

Die Hauptursache allen Familienunglücks ist, daß die Menschen in dem Gedanken erzogen sind, die Ehe spende Glück.

(Tagebücher)

Alle glücklichen Familien sind einander ähnlich; jede unglückliche Familie ist auf *ihre* Weise unglücklich.

(Anna Karenina)

Wie oft kommt es vor, daß man jahrelang eine Familie unter demselben lügenhaften Schleier des Anstandes sieht, wobei uns die wahren Beziehungen ihrer Mitglieder zueinander ein Geheimnis bleiben. (Ich habe sogar beobachtet, je undurchdringlicher und daher schöner dieser Schleier ist, desto gröber pflegen die wahren, vor uns verborgenen Verhältnisse zu sein.) Sobald aber ganz unerwartet im Kreise der Familie irgend eine, vielleicht unbedeutend scheinende Frage über eine Spitze oder einen Besuch oder über die Pferde des Hausherrn auftaucht, wird der Streit ohne jeden sichtbaren Grund immer heftiger und heftiger, unter dem Schleier wird es zu eng zur Klarstellung der Angelegenheit, und plötzlich kommen alle wahren, unzarten Verhältnisse zum Entsetzen der Streitenden selbst und zum Erstaunen der Anwesenden ans Tageslicht, und der Schleier, der nun nichts mehr verhüllt, flattert frei zwischen den kämpfenden Parteien hin und her und erinnert uns nur daran, wie lange wir durch ihn getäuscht wurden. Oft ist es nicht so schmerzlich, den Kopf mit voller Wucht irgendwo anzustoßen, als – selbst wenn es ganz leicht und leise geschieht – eine schmerzende, wunde Stelle zu berühren; und eine solche schmerzende, wunde Stelle gibt es fast in jeder Familie.

(Jünglingsjahre)

Menschen, welche ohne das gemeinsame Ziel des Sich-vollendens heiraten, erscheinen mir wie Leute, welche hinfallen, ohne zu stolpern … Wenn man gefallen ist, was bleibt da zu tun? Wenn man aber nicht stolpert, wozu will man dann absichtlich hinfallen?

(Briefe)

In der Liebe zwischen Mann und Frau gibt es immer einen Augenblick, wo diese Liebe ihren Zenith erreicht, wo sie noch nichts Zielbewußtes, nichts Verstandesmäßiges, nichts Sinnliches an sich hat.

(Auferstehung)

Die ganze Welt ist für mich in zwei Hälften geteilt, die eine ist sie, und dort herrscht Glück, Hoffnung und Licht, die andere Hälfte ist – alles, wo sie nicht ist, und dort herrscht Jammer und Finsternis.

(Krieg und Frieden)

Die Keuschheit ist keine Vorschrift oder Regel, sondern ein Ideal oder, richtiger, eine seiner Bedingungen.

(Über die Ehe)

Nicht die Keuschheit muß sich der Mensch zur Aufgabe machen, sondern die Annäherung an die Keuschheit.

(Über die sexuelle Frage)

Eine Gemeinschaft mit Frauen ist nur dann schön und erfreulich, wenn man die Frauen in seinem Bewußtsein in Hinsicht des Geschlechts durch nichts von allen anderen Menschen unterscheidet.

(Briefe)

In der Gemeinschaft mit einer Frau, wie mit einem jeden Menschen, liegt viel Beglückendes; aber besonders beseligend ist der Verkehr mit einer Frau nicht. Was aber daran zu sein scheint, ist ein Betrug der Sinnlichkeit, der zwar sehr versteckt ist, doch aber bleibt es ein Trug der Sinnlichkeit.

(Briefe)

Heiraten sollte man immer so, wie man stirbt, das heißt, nur dann, wenn es nicht anders sein kann.

(Briefe)

Es kann nie gelingen, sich zu verheiraten, um ein froheres Leben zu haben.

(Über die sexuelle Frage)

Es ist ein großer Fehler, sich die Ehe – die Vereinigung mit einem Wesen, das man lieb hat, zum Ziel zu setzen, zum Ziel, das alle anderen Ziele ersetzen soll.

(Tagebücher)

Geliebt werden ist ein Unglück, wenn man fühlt, daß man eine Schuld trägt, weil man die Liebe nicht erwidert und nicht erwidern kann.

(Die Kosaken)

69

Die Stufen der Moral sind unendlich, ein Hauptzug aber ist jeglichem sittlichem Leben eigen, und das ist das Streben zur Vervollkommnung durch die Liebe.

(Über Erziehung und Bildung)

Nun lieben wir die Menschen, siehst du, immer nur um des Guten willen, das wir ihnen antun, und hassen sie um des Bösen willen, das sie von uns erleiden.

(Der lebende Leichnam)

Es gibt eine Grenze für den Ausdruck der Gefühle, die man nicht überschreiten soll. Diese Grenze ist da, jenseits welcher jede Gefühlsäußerung nicht zur Freude, sondern zur Last wird.

(Briefe)

Man kann den Nächsten und auch seine Feinde lieben, man kann aber auch Gott lieben! Einen Menschen kann man nur mit menschlicher Liebe lieben, nur seinen Feind kann man mit göttlicher Liebe lieben! (…) Die menschliche Liebe kann sich in Abscheu verwandeln, die göttliche Liebe aber kann sich nicht verändern! Nichts, auch der Tod kann sie nicht zerstören!

(Krieg und Frieden)

»Der Despotismus der
Regierung«

Die Regierungsmaschine ist eine furchtbare Maschine, und nie hätte man sie konstruiert, wenn man ihre Gefährlichkeit vollkommen begriffen hätte.

(Tagebücher)

Ich bin allen Ernstes überzeugt, daß die Welt, die Staaten, die Domänen, die Häuser von lauter Wahnsinnigen regiert werden. Die nicht wahnsinnig sind, enthalten sich oder können nicht teilnehmen.

(Tagebücher)

Der Despotismus der Regierung wächst stets nach dem Maße der Vergrößerung und Verstärkung der Heere, und der Angriff der Regierungen vergrößert sich nach dem Maße der Verstärkung des inneren Despotismus.

(Das Reich Gottes)

Die Staatsordnung ist eine sehr künstliche und schwankende Einrichtung, und der Umstand, daß der geringste Stoß dieselbe erschüttert, beweist eben durchaus nicht, daß sie notwendig, sondern daß sie jetzt gar nicht mehr nötig ist, wenn sie dies auch früher einmal gewesen sein sollte, und darum gefährlich und schädlich ist. (…)

Das Wohl der Völker, das uns in den durch Gewalt regierten sogenannten wohlgeordneten Staaten entgegentritt, ist ja weiter nichts als ein Schein, eine Fiktion.

(Die Sklaverei unserer Zeit)

Warum soll man glauben, daß Menschen ohne Regierung ihr Leben nicht eben so gut werden einrichten können, wie Menschen, die regiert werden, es nicht für sich, sondern für andere einrichten? Wir sehen im Gegenteil, daß in den mannigfaltigen Fällen des Lebens die Menschen jetzt selbst ihr Leben unvergleichlich besser einrichten, als es für sie die regierenden Menschen tun. Ohne die Einmischung der Regierung und mitunter ihr zum Trotz bilden die Menschen allerlei gesellschaftliche Unternehmungen – Arbeitervereine, Korporations- und Eisenbahngesellschaften, Syndikate. Wenn es für eine öffentliche Sache der Sammlungen bedarf, so fragt es sich, was berechtigt zu der Annahme, daß die freien Menschen ohne Zwang nicht im Stande sein sollten, die nötigen Mittel freiwillig zu sammeln und alles das einzurichten, was durch Steuern eingerichtet wird, wenn nur diese Einrichtungen für alle nützlich sind? Warum soll man annehmen, daß es keine Gerichte ohne Gewalt geben könne? Ein Gericht, das aus Menschen besteht, dem die Streitenden sich anvertrauen, gab es immer und wird es immer geben und bedarf keiner Gewalt.

(Die Sklaverei unserer Zeit)

Die Menschen haben sich an die Staatsform, unter welcher sie leben, so gewöhnt, daß sie ihnen als die notwendige und ewige Form des Lebens der Menschheit erscheint.

Das scheint aber nur so: die Menschen haben schon außerhalb der Staatsform gelebt und tun es auch heute. So lebten und leben noch heute alle wilden Völkerschaften, die den Zustand noch nicht erreicht haben, den man

Zivilisation nennt; so leben die Menschen, deren Ansicht vom Sinn des Lebens höher steht, als die der Zivilisation (…).

Die staatliche Form ist etwas Vorübergehendes, keineswegs aber eine ewige Lebensform der Menschheit.

(Das Gesetz der Gewalt und das Gesetz der Liebe)

Es ist Zeit, daß die Menschen begreifen, daß die Regierungen nicht nur unnütze, sondern auch schädliche und im höchsten Grade unsittliche Institutionen sind, an denen ein ehrlicher und sich selbst achtender Mensch nicht teilnehmen kann und darf und deren Vorteile er nicht benutzen kann und darf. Sobald aber die Menschen dieses klar begreifen werden, so werden sie ganz von selbst aufhören, an den Verbrechen der Regierungen teilzunehmen, das heißt, den Regierungen Geld und Soldaten zu geben. Beginnt aber erst die Mehrheit der Menschheit so zu handeln, so wird auch der Betrug, der die Menschen zu Sklaven macht, ganz von selbst aufhören. Nur auf diese Weise können die Menschen von der Sklaverei befreit werden.

(Die Sklaverei unserer Zeit)

Die Leute schonen ihre Mitglieder (das arbeitende Volk) nicht, richten sie zugrunde, physisch und moralisch, nehmen auf ihre Gesundheit keine Rücksicht, wodurch der Organismus der Gesellschaft in seiner Totalität geschädigt wird, und so ist es begreiflich, daß sie mehr erreichen als eine Gesellschaft, die natürlich lebt und ihre Mitglieder schont.

(Tagebücher)

Zu den Regierungen wie zu den Kirchen kann man sich nicht anders verhalten als entweder in anbetender Ehrfurcht oder mit Abscheu. Solange der Mensch nicht begriffen hat, was die Regierung oder die Kirche ist, kann er sich diesen Institutionen gegenüber nicht anders verhalten als mit Ehrfurcht. Solange er sich durch sie leiten läßt, muß er aus Eigenliebe glauben, daß das, wodurch er sich leiten läßt, etwas Elementares, Großes und Heiliges sei; sobald er aber begriffen hat, daß das, wodurch er sich leiten läßt, nichts Elementares oder Heiliges ist, sondern nur ein Betrug von seiten schlechter Menschen, die unter dem Vorwande einer Leitung ihn zu ihren persönlichen Zwecken ausnutzen, – sobald er das begriffen hat, wird er diesen Menschen gegenüber nichts anderes als Abscheu empfinden können, und zwar um so stärker, je wichtiger die Seite des Lebens war, nach der er sich hatte leiten lassen.

(Die Sklaverei unserer Zeit)

Um zu existieren, müssen die Regierungen ihr Volk vor den Überfällen der anderen Völker schützen; die Völker wollen aber keinen Krieg miteinander führen und darum wollen die Regierungen nicht nur den Frieden nicht, sondern sie sind darauf bedacht, die Feindseligkeiten der anderen Völker gegen sich zu schüren. Und nachdem sie bei anderen Völkern Haß, beim eigenen Volke aber Patriotismus erweckt haben, versichern sie das eigene Volk, daß es in Gefahr ist und verteidigt werden muß.

Waren früher die Regierungen dazu nötig, die eigenen Völker vor Überfällen der anderen zu verteidigen, so stören jetzt die Regierungen künstlich den Frieden, der unter ihnen herrscht, und rufen zwischen den Völkern Feindseligkeiten hervor.

(Patriotismus und Regierung)

Man glaubt gewöhnlich, die Heere würden von den Regierungen nur zur Verteidigung des Staates gegen andere Staaten verstärkt, und vergißt, daß die Regierungen die Heere vor allem dazu brauchen, um sich gegen ihre unterdrückten und geknechteten Untertanen zu schützen.

(Das Reich Gottes)

Begreifet doch, daß die Menschen, die damit beschäftigt sind, das Leben anderer Menschen zu regeln, d. h. all diese Monarchen, Präsidenten, Minister bis herab zu den Spitzeln und Henkern, den Mitgliedern und Führern der Parteien und Diktatoren, nicht irgend etwas Hohes und Edles darstellen, wie jetzt so viele glauben, sondern im Gegenteil, erbärmliche, irrende Menschen sind, die nicht nur mit einer unmöglichen und dummen, sondern mit einer der widerlichsten Arbeiten beschäftigt sind, die ein Mensch sich nur erwählen kann.

(Das Gesetz der Gewalt und das Gesetz der Liebe)

Die Menschen müssen begreifen, daß ihre Teilnahme an der verbrecherischen Tätigkeit der Regierungen, sei es durch Abgabe ihrer Arbeit in Form von Geld oder durch direkten Militärdienst – nicht eine gleichgültige Handlung ist, wie gewöhnlich angenommen wird, sondern, abgesehen von dem Schaden, den sie durch diese Handlungsweise sich und ihren Brüdern zufügen, eben eine Teilnahme an den Verbrechen ist, die unaufhörlich von allen Regierungen begangen werden, oder auch eine Hilfeleistung zur Vorbereitung neuer Verbrechen, da die Regierungen, die disziplinierte Heere unterhalten, sich immer in Vorbereitungen zu Verbrechen befinden.

(Die Sklaverei unserer Zeit)

Die Zeiten sind längst vorüber, da die Regierungen in naiver Weise an ihre segensvolle Bestimmung für die Menschheit glaubten und keine Maßnahmen trafen, um sich vor Aufständen zu schützen. (...)

Gegenwärtig sind Revolutionen und Niederwerfungen von Regierungen einfach unmöglich. Sie sind unmöglich, weil die Regierungen wohl erkennen und wissen, daß jetzt niemand an ihre Heiligkeit glaubt und sich darum nur durch das Gefühl der Selbsterhaltung leiten lassen und mit jedem ihnen zu Gebote stehenden Mittel gegen alles schützen, was ihre Gewalt stürzen oder auch nur schwankend machen könnte.

(Wo ist der Ausweg?)

So lange aber eine Regierung bestehen wird, wird sie den Bodenbesitz, die Steuererhebung, das Kapitaleigentum aufrecht erhalten, weil die großen Grundbesitzer, die Beamten, die ihre Gehälter aus den Steuern beziehen, und die Kapitalisten Teile der Regierung sind.

(Wo ist der Ausweg?)

Alle Menschen erwarten bei der Umgestaltung ihres Lebens die Hilfe für sich von anderen Menschen und von der Behörde und wenn sie sehen, dass von der Staatsgewalt weder Hilfe noch die ersehnte Ordnung kommt, beginnen sie, die Herrschenden zu verurteilen und zu bekämpfen: Aber weder das eine, noch das andere ist notwendig; man soll weder von der Behörde Hilfe und Ordnung erwarten, noch sie bekämpfen. Man soll nur eins tun: (...) das Leben so gestalten, dass man der Behörde nicht bedarf.

(Briefe)

»Was wird aber sein, wenn es keine Regierung mehr geben wird?« sagt man gewöhnlich. – Nichts weiter als daß alles Unnütze und darum Überflüssige und Schlechte verschwinden wird! Jenes Organ, welches, weil unnütz, auch schädlich geworden ist, wird verschwinden.
(...)
Die Befreiung vom Patriotismus und die Aufhebung des auf demselben ruhenden Regierungsdespotismus kann den Menschen nur nützen.

(Patriotismus und Regierung)

Eine genaue, allen verständliche und unbestreitbare Definition der Gesetze wird folgende sein:
Gesetze sind Regeln, festgestellt von Menschen, die über ein organisiertes Vergewaltigungssystem verfügen, deren Nichterfüllung die Schuldigen Schlägen, Freiheitsentziehung und sogar dem Tode aussetzt.
    Diese Definition schließt auch die Frage ein: Was gibt den Menschen die Möglichkeit, Gesetze aufzustellen?

Die Möglichkeit, Gesetze aufzustellen, wird durch dasselbe gegeben, was die Erfüllung der Gesetze garantiert – durch ein organisiertes Vergewaltigungssystem.

(Die Sklaverei unserer Zeit)

Die Hauptursache der Sklaverei bilden die Gesetze, und daß es Menschen gibt, die Gesetze vorschreiben können.

(Die Sklaverei unserer Zeit)

Die Sklaverei der Arbeiter hat die Existenz der Regierungen zur Basis.

(Aufruf an die Menschheit)

Nicht eiserne Elementargesetze sind es, die die Sklaverei unserer Zeit hervorgebracht haben, sondern – und das ist durchaus klar und sicher – menschliche Gesetzgebungen bezüglich des Bodens, der Steuern und des Eigentums.

(Die Sklaverei unserer Zeit)

Begreift doch, daß ihr euch selbst all das Übel zufügt, unter dem ihr zu leiden habt, indem ihr euch der Hypnose überlaßt, durch die euch die Kaiser, die Könige, die Parlamentsmitglieder, die Regenten, die Militärs, die Kapitalisten, die Geistlichen, die Schriftsteller, die Künstler betrügen, all die, die diesen Betrug durch Patriotismus nötig haben, um von eurer Arbeit zu leben.

(Patriotismus und Regierung)

Es gab viele Revolutionen und unterdrückte Revolutionen in der christlichen Welt. Die äußeren Formen veränderten sich, aber wenn die wesentlichen Züge der Staatsordnung: die Herrschaft einzelner über viele, die Korruption, die Lüge, die Angst der herrschenden Klassen vor den Unterdrückten, und alle Erniedrigung, Versklavung, Übertölpelung und Verbitterung der Volksmassen sich auch der Form nach veränderten, so verminderten sie sich doch nicht dem Wesen nach, sondern vermehrten und vermehren sich noch heute in merklicher Weise.

(Das Gesetz der Gewalt und das Gesetz der Liebe)

Es wird der Mehrheit des Volkes nicht so viel Geld abgenommen, wie nötig ist, sondern so viel, wie möglich ist, und zwar ganz unabhängig von der Zustimmung oder Nichtzustimmung der Besteuerten (alle wissen, wie die Parlamente zusammengesetzt werden und wie wenig sie den Willen des Volkes darstellen).

(Die Sklaverei unserer Zeit)

Mit dem Gelde des Volkes erkauft sich die Regierung allerlei Beamte, die Soldaten werben, alsdann militärische Beamte, die sie ausbilden, d. h. sie des menschlichen Selbstbewußtseins berauben; vor allem aber erkauft sich die Regierung für dieses Geld Lehrer, die mit allen Mitteln sowohl den Erwachsenen, wie den Kindern einflößen müssen, daß der Soldatendienst d. h. die Vorbereitung zum Mord nicht nur dem Menschen nützliches, sondern auch gutes und gottgefälliges Werk sei. Und jahraus, jahrein treten die Menschen in den Militärdienst, wiewohl sie sehen, daß sie und ihresgleichen das Volk unter das Sklavenjoch der Regierung und der Reichen bringen.

(Wo ist der Ausweg?)

Die wirkliche Ursache der Existenz von Steuern ist nur eine: die Gewalt, die sie erhebt, die Möglichkeit, diejenigen, die sie nicht willig zahlen, zu berauben und für die Weigerung sogar zu schlagen, ins Gefängnis zu werfen, zu strafen – wie es auch gemacht wird.

(Aufruf an die Menschheit)

Die Gewalt hält sich heute nicht mehr dadurch, daß sie für notwendig angesehen wird, sondern nur dadurch, daß sie von alters her besteht und von den Leuten, denen sie Vorteil bringt, das heißt von den Regierungen und den herrschenden Klassen, so organisiert ist, daß die Menschen, die sich unter ihrer Macht befinden, sich ihr nicht entwinden können.

(Das Reich Gottes)

Schrecklich ist der Egoismus im gewöhnlichen Leben, aber die Egoisten des Alltagslebens sind nicht bewaffnet und halten es nicht für ruhmwürdig, Waffen gegen ihresgleichen anzuwenden. Ihr Egoismus wird durch die Staatsgewalt und die öffentliche Meinung beschränkt. Ein Privatmann, welcher mit den Waffen in der Hand seinem Nachbar eine Kuh oder Saatkorn raubt, wird sogleich von der Polizei ergriffen und ins Gefängnis gebracht. Außerdem wird ein solcher Mensch von der öffentlichen Meinung verurteilt und Dieb und Räuber genannt. Ganz anders aber ist es im staatlichen Leben. Alle Staaten sind bewaffnet, keine höhere Gewalt steht über ihnen, außer den komischen Bemühungen, den Vogel zu fangen und ihm Salz auf den Schwanz zu streuen – nämlich den Versuchen, internationale Friedenskongresse zu errichten, welche augenscheinlich niemals von mächtigen Staaten angenommen werden (die sich ja eben deshalb bewaffnet haben, weil sie sich niemand unterordnen wollen). Und dazu kommt noch, daß die öffentliche Meinung, welche jede Gewalttat eines gewöhnlichen Menschen verurteilt, jede Aneignung fremden Gutes zur Vergrößerung der Macht seines Vaterlandes rühmt als eine Tat des Patriotismus.

(Patriotismus oder Frieden?)

In unserer zivilisierten Gesellschaft ist die persönliche Sklaverei nicht nur nicht abgeschafft, sondern mit der Einführung der allgemeinen Wehrpflicht ist sie in der letzten Zeit nur noch gefördert worden; die Sklaverei ist dieselbe geblieben wie immer, nur ihre Form hat sich geändert.

(Was sollen wir denn tun?)

Die Einrichtung der allgemeinen Wehrpflicht gleicht dem, was mit einem Menschen geschähe, der ein stürzendes Haus stützen wollte: die Wände haben sich nach innen geneigt – man hat Stützen darunter gesetzt; die Diele hat sich geneigt – man hat eine andere darunter gelegt; zwischen den Stützen hängen Bretter hinab, man stellt wieder Stützen auf; es kommt endlich so weit, daß die Stützen zwar das Haus aufrecht erhalten, daß man aber in dem Hause vor lauter Stützen nicht mehr wohnen kann.

So steht es mit der allgemeinen Wehrpflicht. Die allgemeine Wehrpflicht zerstört alle die Vorteile des gesellschaftlichen Lebens, die sie zu schützen berufen ist.

(Das Reich Gottes)

Man mag einen Kristall stoßen, auflösen, drücken soviel man will – bei der ersten Gelegenheit nimmt er wieder seine alte Form an. So wird die Gesellschaftsordnung dieselbe bleiben, welchen Veränderungen man sie auch unterwerfen mag. Die Form des Kristalls wird erst dann eine andere werden, wenn in ihm eine innere, chemische Veränderung sich vollzogen haben wird. So ist es auch mit der Gesellschaft.

(Tagebücher)

Der wirkliche, nicht der imaginäre Patriotismus (...) ist das ausgesprochene Gefühl der Bevorzugung des eignen Volkes oder Staates vor allen anderen Völkern oder Staaten und der Wunsch, dem eigenen Volke und Staate den größten Wohlstand und die größte Macht zu verschaffen, was immer auch auf Kosten der anderen dabei geschehe.

Es dürfte aber allgemein einleuchtend sein, daß der Patriotismus als Gefühl schlecht und schädlich und als Lehre sehr dumm ist, denn wenn jedes Volk und jeder Staat sich für besser halten als die anderen, so müssen sie sich alle in einer rohen und verderblichen Verirrung befinden.

(Patriotismus und Regierung)

Hauptsächlich aber wird der Patriotismus hervorgerufen, indem man durch allerlei Ungerechtigkeiten und Grausamkeiten gegen fremde Völker bei denselben Haß gegen das eigene Volk hervorruft und diesen Haß alsdann zur Erweckung von Feindseligkeiten beim eigenen Volke ausnutzt.

(Patriotismus und Regierung)

»Ich knuffe dich!«
»Ich gebe dir eins mit der Faust!«
»Ich dir mit der Peitsche!«
»Ich mit dem Knüppel!«
»Ich werde schießen!«
So zanken und prügeln sich nur böse Kinder, betrunkene Menschen oder Tiere. Und doch geschieht dasselbe unter den höchsten Vertretern der aufgeklärtesten Staaten, derselben Staaten, die sich zu Leitern der Erziehung und Moralität ihrer Untertanen berufen fühlen.

(Patriotismus und Regierung)

Die Staatslenker sind immer bestrebt, eine möglichst große Zahl von Bürgern zu möglichst großer Teilnahme an allen von ihnen vollzogenen und für sie notwendigen Verbrechen heranzuziehen.

In der letzten Zeit hat sich das besonders scharf ausgesprochen in der Heranziehung der Bürger in ihrer Eigenschaft als Geschworene, zum Heer in der Eigenschaft von Soldaten, zur Stadtverwaltung, bei den gesetzgebenden Körperschaften in der Eigenschaft als Wähler und Abgeordnete.

(Das Reich Gottes)

Die Regierungen und die herrschenden Klassen stützen sich jetzt nicht auf das Recht, ja, nicht einmal auf den Schein der Gerechtigkeit, sondern auf eine mit Hilfe der wissenschaftlichen Fortschritte geschaffene, höchst künstliche Organisation, bei der alle Menschen in einen Kreis von Gewalt gebannt sind, aus dem sie sich nicht befreien können. Dieser Kreis besteht gegenwärtig aus vier Mitteln der Einwirkung auf den Menschen. Diese Mittel sind miteinander eng verbunden und stützen eines das andere wie die Glieder einer Kette.

Das erste, älteste Mittel ist das Mittel der Einschüchterung. Das Mittel besteht darin, die bestehende Staatsordnung (wie sie auch immer sei, eine freie, republikanische oder auch die gröbste, despotische) als etwas Heiliges und Unveränderliches hinzustellen und daher jeden Versuch, sie zu verändern, mit den furchtbarsten Strafen zu belegen.

Dieses Mittel ist früher angewendet worden und wird auch heute unverändert überall da angewendet, wo es Regierungen gibt ...

Das zweite Mittel ist das Mittel der Bestechung. Es besteht darin, dem arbeitenden Volke durch Geldsteuern seine Reichtümer zu nehmen und diese Reichtümer unter die Beamten zu verteilen, die für diese Entschädigung verpflichtet sind, die Knechtung des Volkes aufrecht zu erhalten und zu verstärken ...

Das dritte Mittel ist, was ich am besten durch Hypnotisierung des Volkes bezeichne. Das Mittel besteht darin, die geistige Entwicklung der Menschen zu hemmen und durch verschiedene Suggestionen sie in der von der Menschheit bereits durchlebten Lebensauffassung zu erhalten, auf der die Macht der Regierungen sich aufbaut. Diese Hypnotisierung ist im gegenwärtigen Augenblick auf die komplizierteste Weise organisiert; sie beginnt ihre Einwirkung im Kindesalter und läßt sie fortdauern bis an den Tod. Diese Hypnotisierung beginnt von der frühesten Jugend in absichtlich dazu eingerichteten Pflichtschulen, wo man den Kindern Weltanschauungen beibringt, die ihren Vorfahren eigen waren und die der gegenwärtigen Erkenntnis der Menschheit schnurstracks widersprechen. In Ländern, die eine Staatsreligion haben, bringt man den Kindern die unsinnigen Lästerungen der kirchlichen Katechismen bei und zeigt ihnen die Notwendigkeit, den Behörden zu gehorchen. In den republikanischen Staaten lehrt man sie den groben Aberglauben des Patriotismus und dieselbe vermeintliche Verpflichtung zum Gehorsam gegen die Regierung.

In den späteren Jahren dauert die Einwirkung der Hypnose auf die Menschen fort durch die Beförderung des Aberglaubens der Religion und des Patriotismus.

Der Aberglaube der Religion wird gefördert durch den Bau von Kirchen, durch die Abhaltung von Prozessionen, durch die Aufrichtung von Denkmälern, durch die Feier von Festen für die von dem Volke gesammelten Mittel mit Hilfe der Malerei, der Baukunst, der Musik, mit Hilfe von Wohlgerüchen, die das Volk betäuben, und ganz besonders durch die Unterhaltung der sogenannten Geistlichkeit, deren Pflicht darin besteht, durch ihre Ermahnungen, durch das Pathos der Liturgie, der Predigten, durch die Einmischung in das Privatleben der Menschen – bei Geburten, Eheschließungen, Todes-

fällen – die Menschen zu benebeln und sie in einem ununterbrochenen Zustand der Betäubung zu erhalten.
Der Aberglaube des Patriotismus wird dadurch gefördert, daß die Regierungen und die herrschenden Klassen für die von dem Volke gesammelten Mittel allerlei
Festlichkeiten, Schauspiele, Denkmäler, Feiern schaffen,
die das Volk zur Anerkennung der ausschließlichen Bedeutung ihres Volkes, zu der Größe ihres Staates und
seiner Herrscher und zum Mißwollen, ja, zum Haß gegen andere Völker geneigt machen. Dabei wird von allen
Regierungen ohne Ausnahme vor dem Volke alles verborgen, was es befreien könnte, und alles gefördert, was
zu seiner Entartung beiträgt, wie: das Schrifttum, das
die Nationen in der Rohheit eines religiösen und patriotischen Aberglaubens erhält, jegliche sinnliche Unterhaltung, Schaustellungen, Zirkusspiele, Theater, ja, sogar alle physischen Mittel der Betäubung wie: Tabak,
Branntwein. Auch die Prostitution wird gefördert, die
von der Mehrzahl der Regierungen nicht nur anerkannt,
sondern organisiert ist. Das ist das dritte Mittel.

Das vierte Mittel besteht darin, mit Hilfe der drei vor-
her genannten Mittel aus der Zahl aller auf diese Weise
in einen bestimmten Kreis gebannten und betäubten
Menschen noch einen gewissen Teil auszuscheiden, um
diese Menschen besonderen, gesteigerten Methoden der
Betäubung und Vertierung zu unterwerfen, aus ihnen
willenlose Werkzeuge aller der Grausamkeiten und Roh-
heiten zu machen, die der Regierung belieben. Diese Betäubung und Vertierung wird dadurch erreicht, daß
man diese Menschen in dem jugendlichen Alter, in dem
noch keine klaren Begriffe von Sittlichkeit sich in ihnen

ausgebildet haben, von allen natürlichen menschlichen Vorbedingungen des Lebens: dem Hause, der Familie, der Heimat, der vernünftigen Arbeit loslöst, sie in Kasernen zusammenpfercht, sie in eine besondere Kleidung steckt und sie unter dem Eindruck von Rufen, Trommeln, Musik, glänzenden Gegenständen täglich zwingt, bestimmte zu diesem Zweck ersonnene Bewegungen zu machen und sie durch diese Mittel in einen solchen Zustand der Hypnose bringt, daß sie aufhören, Menschen zu sein, und gedankenlose, gehorsame Werkzeuge in der Hand des Hypnotiseurs werden. Diese Hypnotisierung physisch kräftiger junger Männer (jetzt, bei der allgemeinen Wehrpflicht, aller jungen Männer), ausgerüstet mit Mordwerkzeugen, stets gehorsam der Macht der Regierungen und auf ihren Befehl zu jeder Gewalttat bereit, bilden das vierte und wesentlichste Mittel der Knechtung der Menschen.

Mit diesem Mittel ist der Kreis der Gewalt abgeschlossen.

(Das Reich Gottes)

Um das Schlechte, das sein und seiner Brüder Elend verursacht, nicht zu tun, muß der Mensch:

Erstens weder freiwillig noch zwangsweise an den Tätigkeiten der Regierungen teilnehmen und daher weder den Beruf eines Soldaten, noch den eines Feldmarschalls, eines Ministers, eines Steuereinnehmers, eines Gemeindeältesten, eines Geschworenen, eines Gouverneurs, eines Parlamentsmitgliedes erfüllen und überhaupt keine Stellung annehmen, die mit Gewalttätigkeit verbunden ist.

Dieses erstens.

Zweitens darf ein solcher Mensch nicht freiwillig Steuern an die Regierungen zahlen und ebensowenig das durch Steuern eingetriebene Geld benutzen, sei es in Form von Gehalt oder von Pension, Belohnung und so weiter. Auch darf er nicht die Regierungsinstitute benutzen, die durch Steuern unterhalten werden, welche mit Gewalt vom Volke eingetrieben sind.

Dieses zweitens.

Drittens darf der Mensch, der nicht nur sein eigenes Wohl erstrebt, sondern die Lage der ganzen Menschheit bessern will, sich nicht um den gewalttätigen Beistand der Regierungen bewerben, weder, um seinen Besitz an Grund und Boden und an anderen Gegenständen zu sichern, noch zum Schutze seiner eigenen Person und der Seinen, sondern er darf seine Ansprüche auf den Besitz des Bodens wie auch aller Erzeugnisse seiner oder der anderen Arbeit nur soweit aufrecht erhalten, als diese Gegenstände nicht von anderen Menschen beansprucht werden.

(Die Sklaverei unserer Zeit)

Als ich heute an Gills Fabrik vorbeifuhr, dachte ich: Ein Unternehmen mit kleinem Kapital rentiert sich nicht. Je größer das Kapital, um so rentabler das Unternehmen, um so kleiner sind die Auslagen. Aber daraus folgt noch keineswegs, daß – wie Marx meint – der Kapitalismus zum Sozialismus führen müsse. Vielleicht führt er auch zum Sozialismus; aber dann zu einem Zwangssozialismus. Die Arbeiter werden zu gemeinsamer Arbeit gezwungen werden, sie werden weniger arbeiten und besser bezahlt werden; aber die Versklavung wird dieselbe sein. Die Menschen müssen in Freiheit gemeinsam arbeiten, sie müssen erst lernen in Gemeinschaft zu arbeiten; die kapitalistische Ordnung kann sie das nicht lehren, sondern im Gegenteil, sie erzeugt Neid, Gier, Egoismus. Und so kann die aufgezwungene kapitalistische Gemeinsamkeit im besten Fall eine Verbesserung der materiellen Lage der Arbeiter ergeben, aber keineswegs ihr Wohlergehen. Dieses kann nur eintreten, wenn die Arbeit in freier Gemeinschaft verrichtet wird. Dazu muß man aber lernen, gemeinsam zu leben, man muß sich moralisch vervollkommnen, einander gerne dienen, nicht auf seinen Vorteil bedacht sein. Das alles können wir aber erst lernen, wenn an Stelle der kapitalistischen Konkurrenz eine ganz andere Ordnung tritt.

(Tagebücher)

Das Unfertige und der Irrtum der Marxistischen Theorie besteht in der Annahme, daß das Kapital aus den Händen der privaten Personen in die Hände der Regierung übergehen wird und aus den Händen der Regierung, die mit dem Volk identisch ist, in die Hände der Arbeiter. Die Regierung ist aber nicht das Volk, sondern setzt sich wieder aus privaten Personen zusammen, die die Macht in Händen haben, und diese werden von den Kapitalisten in einigen Stücken verschieden, in andern ihnen wieder sehr ähnlich sein. Deshalb wird die Regierung das Kapital nie in die Hände der Arbeiter gelangen lassen. Daß die Regierung das Volk selbst ist, ist eine Fiktion, eine Täuschung. Gäbe es nämlich eine solche Ordnung der Dinge, bei der die Regierung wirklich den

Volkswillen verkörperte, dann bedürfte sie der Gewalt nicht mehr; jede Regierung im Sinne von Macht und Gewaltausübung wäre dann überflüssig.

(Tagebücher)

Die Menschen und menschlichen Gemeinschaften befinden sich stets in einem Übergangsstadium. Ein Zustand wird stets von einem anderen abgelöst; in bestimmten Epochen werden diese Übergänge für den Einzelnen sowohl wie für die Gemeinschaft besonders merklich. Genau so, wie jemand plötzlich fühlt, daß er nicht länger ein Kind bleiben kann, so treten auch im Volksleben Perioden ein, wo eine Volksgemeinschaft nicht länger wie früher leben kann, wo das Verlangen reift, früheren Gewohnheiten, Zielen und Grundlagen zu entsagen. (…) Dieser Übergang zeigt sich in der Notwendigkeit, sich von der unerträglich gewordenen Macht eines oder mehrerer Menschen zu befreien und sein Leben auf anderen von dieser Macht unabhängigen Grund zu bauen.

(Briefe)

Der Grund und Boden ist der Besitz aller Menschen, und alle Menschen haben das gleiche Recht auf ihn. Ob dies jetzt anerkannt wird oder nicht, ob dies in naher Zukunft verwirklicht wird oder nicht: jeder Mensch weiß und fühlt, daß der Grund und Boden nicht einzelnen Personen gehören kann und darf, ebenso wie jeder zur Zeit der Sklaverei, trotz des hohen Alters dieser Institution und der sie schützenden Gesetze wusste, daß es keine Sklaverei geben dürfte.

(Briefe)

Das Gericht hat zum Zwecke nur die Erhaltung der Gesellschaft in ihrer jetzigen Lage, und dazu verfolgt und züchtigt es sowohl diejenigen, die höher als das allgemeine Gesellschaftsniveau stehen und es heben wollen (…), wie auch diejenigen, die unter diesem Niveau stehen (…).

(Auferstehung)

Wo ein Gericht ist, ist auch Lüge.

(Auferstehung)

Die Menschen binden sich dergestalt zusammen, daß einer von ihnen alle lenken kann; dann geben sie den Strick, mit dem diese ganze Masse zusammengebunden ist, einem Beliebigen in die Hand; und dann wundern sie sich, daß es ihnen übel ergeht. Unglaubliche Verblendung!

(Tagebücher)

Man sagt: sobald die Gesellschaftsordnung aufhört, geht alles zu Grunde. Das ist, wie wenn einer sagen würde: sobald der Fluß auftaut, geht alles zu Grunde. Nein, der Fluß wird schiffbar werden und erst dann wird ein wirkliches Leben anfangen.

(Tagebücher)

»Weil die Weisheit der Gewalt nicht bedarf«

Gegen Krieg, Gewalt und das Militärwesen

Jede gewaltsame Reform ist verwerflich, weil sie das Böse nicht ausrotten wird, solange die Menschen bleiben, wie sie sind, und weil die Weisheit der Gewalt nicht bedarf.

(Krieg und Frieden)

Wie es für den kranken Alkoholiker nur ein Erlösungsmittel gibt – die Enthaltung vom Wein, – so gibt es auch für die Erlösung der Menschen von der schlechten Gesellschaftsordnung nur ein Mittel – das Enthalten von der Gewalttätigkeit, der Ursache des Leidens, – das Enthalten von der persönlichen Gewalttätigkeit, der Predigt der Gewalttätigkeit, der Rechtfertigung jeder Gewalttätigkeit.

(Die Sklaverei unserer Zeit)

Welche Form das Leben der Menschen annehmen wird, wenn sie den Mord unterlassen, wissen wir nicht und können es nicht wissen, eines aber ist sicher: daß es den Menschen, die mit Vernunft und Gewissen begabt sind, natürlicher ist, ihr Leben von Vernunft und Gewissen lenken zu lassen, als sich knechtisch denen zu unterwerfen, die das gegenseitige Töten anordnen. Und sicher ist darum auch, daß die Form der gesellschaftlichen Ordnung, die das Leben der Menschen annehmen wird, wenn sie sich bei ihren Handlungen nicht von der Gewalt, die auf Todesdrohungen gegründet ist, sondern von der Vernunft und vom Wissen leiten lassen, jedenfalls nicht schlimmer wird, als das Leben, das sie jetzt führen.

(Rede gegen den Krieg)

Unter Patriotismus versteht man gewöhnlich die Bevorzugung und die Liebe des eigenen Volkes vor anderen Völkern, ganz ebenso wie man unter Egoismus die bevorzugende Vorliebe für die eigene Persönlichkeit versteht. Und es ist schwer, sich vorzustellen, auf welche Weise eine solche Bevorzugung eines Volkes vor anderen eine gute und daher wünschenswerte Eigenschaft genannt werden kann. (…) Aber außerdem, daß der Patriotismus eine schlimme Eigenschaft ist, ist er auch eine unvernünftige Lehre.

(Brief an einen Polen)

Wenn nicht gelehrt würde, der Patriotismus sei etwas Gutes, so würden sich keine abscheulichen Menschen finden, welche am Ende des neunzehnten Jahrhunderts solche Ungeheuerlichkeiten verüben, wie es jetzt vorkommt.

(Brief an einen Polen)

Um die Menschen von jenen furchtbaren Übeln der Rüstungen und Kriege zu befreien, an denen sie jetzt leiden und die immer größer werden, sind nicht Kongresse, Konferenzen, Traktate und Schiedsgerichte nötig, sondern die Beseitigung jenes Gewaltmittels, von welchen alle Leiden der Menschen stammen.

(Patriotismus und Regierung)

Gewalt kann nie das aus der Welt schaffen, was von der öffentlichen Meinung anerkannt wird.

(Das Reich Gottes)

Die Ursache der elenden Lage der Arbeiter ist die Sklaverei. Die Ursache der Sklaverei sind die Gesetze. Die Gesetze beruhen auf der organisierten Gewalt.

Die Verbesserung der Lage der Menschen ist darum nur durch die Beseitigung der organisierten Gewalt möglich.

(Die Sklaverei unserer Zeit)

Ein Knechtschaftsmittel wird nur dann abgeschafft, wenn es bereits durch ein anderes ersetzt worden ist. Es gibt aber mehrere solcher Mittel und wenn nicht das eine, so hält das andere, oder mitunter auch mehrere zusammen, das Volk in Knechtschaft, d. h. versetzt es in jene Lage, in der ein kleiner Teil der Menschen die vollständige Gewalt über die Arbeit und das Leben der Mehrzahl der Menschen gewinnt. In dieser Vergewaltigung des größeren Teils eines Volkes durch einen kleinen Teil liegt auch die Hauptursache der elenden Lage des Volkes.

(Die Sklaverei unserer Zeit)

Möglich, daß für den früheren Zustand der Menschen die staatliche Gewaltherrschaft notwendig war; möglich, daß sie noch jetzt notwendig ist, aber die Menschen müssen auch den Zustand im Auge haben und voraussehen, bei welchem die Gewalt das friedliche Leben der Menschen nur stören kann. Und indem sie dieses im Auge haben und voraussehen, müssen die Menschen danach streben, eine solche Ordnung zu verwirklichen. Das Mittel dazu ist die innere Vervollkommnung und die Nichtbeteiligung an Gewalttaten.

(Das Gesetz der Gewalt und das Gesetz der Liebe)

Wenn wir wirklich sein wollen, was wir zu sein bekennen, so müssen wir nicht wie jetzt die Vergrößerung unseres Reiches, sondern die Verkleinerung und Schwächung desselben wünschen und mit allen Kräften danach
streben, und müssen den jungen Generationen bei der
Erziehung einprägen, daß es eine Schande für einen
Menschen ist, seinen groben Egoismus darin zu zeigen,
daß er alles aufisst und für andere nichts übrig läßt, daß
er den Schwächeren aus dem Wege stößt, um selbst be-
quemer vorüberzugehen, daß er mit Gewalt wegnimmt,
was ein anderer bedarf, und daß es auch eine Schande
wäre, nach der Vergrößerung der Macht seines Vaterlandes zu streben …

(Patriotismus oder Frieden?)

Vergelte Böses mit Gutem und du bringst den bösen
Menschen um alles Vergnügen, das er am Bösen hat.

(Tagebücher)

Alle Völker der sogenannten christlichen Welt sind
durch den Patriotismus bis zu einem solchen Grade von
Vertierung gebracht worden, daß nicht nur die Menschen, die durch die Verhältnisse gezwungen werden, zu
morden und gemordet zu werden, den Mord wünschen
und sich über das Morden freuen; nein, auch die Menschen, die ruhig in ihren Häusern wohnen, ja, alle Menschen Europas und Amerikas befinden sich, dank der
schnellen und leichten Verkehrsmittel und dank der
Presse, bei jedem Kriege in der Lage der Zuschauer im
römischen Zirkus, freuen sich wie diese über das Mor-

den und rufen ebenso blutgierig wie diese ihr »pollice
verso!«

(Patriotismus und Regierung)

Der Patriotismus kann nicht gut sein. Warum sagen die
Leute nicht, der Egoismus könne gut sein, obgleich dies
leichter zu behaupten wäre, weil der Egoismus ein natür-
liches Gefühl ist, mit welchem der Mensch geboren
wird, während der Patriotismus ein künstliches, ihm
eingeimpftes Gefühl ist.

(Patriotismus oder Frieden?)

Einer der gewöhnlichen Sophismen, welcher zur Verteidigung des Unsittlichen angewendet wird, besteht darin, daß man absichtlich das, was ist, mit dem, was sein
soll, vermischt, daß man von dem einen spricht und das
andere meint. Und dieser selbe Sophismus wird am meisten auch in Bezug auf den Patriotismus angewendet. Jedem Polen ist ein Pole am teuersten, dem Deutschen ein
Deutscher, dem Juden ein Jude, dem Russen ein Russe.
Es ist sogar oft der Fall, daß infolge historischer Veran-
lassungen und einer anderen Erziehung die Leute eines
Volkes unbewußt einen Widerwillen und Abneigung
für Menschen aus dem anderen Volk empfinden. Alles
das ist so, aber die Erkenntnis, daß das so ist, sowie auch
die Nichterkenntnis dessen, daß jeder Mensch seine Person mehr liebt als die anderer Menschen, können keineswegs beweisen, daß das so sein müsse, im Gegenteil:
Die Aufgabe der ganzen Menschheit und jedes einzelnen Menschen besteht hier nur darin, diese Bevorzugung und diesen Widerwillen zu beseitigen, sie zu be-

kämpfen und mit Bewußtsein in Bezug auf andere Völker ganz ebenso zu verfahren, wie man in Bezug auf das eigene Volk und die eigenen Landsleute verfährt. Es ist vollständig überflüssig, den Patriotismus als ein Gefühl zu behandeln, dessen Erregung in jedem Menschen wünschenswert sei.

(Brief an einen Polen)

Will man den Krieg abschaffen, so muß man also den Patriotismus abschaffen. Um aber den Patriotismus abzuschaffen, muß man vor allem sich selbst überzeugen, daß er vom Übel ist, und das ist eben schwer. Sagt man den Menschen, der Krieg sei schlecht, so werden sie lachen, denn das weiß jedermann. Sagt man ihnen, der Patriotismus sei schlecht, so wird die Mehrzahl beistimmen, aber mit einem kleinen Vorbehalt: »Ja, der schlechte Patriotismus ist schlecht, aber es gibt noch einen anderen Patriotismus, den, an welchen wir uns halten.« Aber worin dieser gute Patriotismus besteht, das erklärt niemand. Wenn der gute Patriotismus darin besteht, daß man nicht eroberungssüchtig ist, wie viele sagen, so ist doch der Patriotismus unfehlbar konservativ, das heißt: von solcher Art, daß die Menschen behalten wollen, was früher erobert wurde. Denn es gibt kein Reich, das nicht durch Eroberung gegründet worden wäre, und das Eroberte zu behaupten, ist durch keine anderen Mittel möglich, als eben durch dieselben, durch welche erobert wird, nämlich Gewalttat, Mord. Wenn der Patriotismus wirklich nicht konservativ ist, so ist er wiederherstellend – der Patriotismus unterdrückter Völker, Armenier, Polen, Tschechen, Irländer und so weiter. Und dieser

Patriotismus ist beinahe der schlimmere, weil er der grimmigste ist und noch heftiger nach Gewalttat verlangt.

(Patriotismus oder Frieden?)

Wer Ihr auch sein möget – Franzosen, Russen, Polen, Engländer, Irländer, Deutsche, Tschechen, begreifet doch, daß alle Eure wirklichen menschlichen Interessen, die agrikulturellen, industriellen, kommerziellen, künstlichen und wissenschaftlichen, ebenso wie Eure Vergnügungen und Freuden keineswegs den Interessen der anderen Völker und Staaten widersprechen, und daß Ihr durch die gegenseitige Mitarbeit, durch den Austausch der Dienstleistungen, durch die Freude der weiten brüderlichen Vereinigung, durch den Austausch nicht allein der Waren, sondern auch der Gedanken und Gefühle, mit den Menschen der anderen Völker verbunden seid.

(Patriotismus und Regierung)

Ich kann nie einer kriegerischen Heldentat meine Unterstützung leihen, und wäre es selbst der Kampf Davids gegen zehn Riesen Goliath. Ich hege nur für die Menschen Sympathie, welche gegen die Ursachen der Herrschaft des Goldes und des Reichtums, des Kriegsruhms und vor allem gegen die Grundursache alles Bösen: die Achtung und Bewunderung des Patriotismus und der falschen Religion, die den Brudermord rechtfertigt, ankämpfen, und sie aus der Welt zu schaffen suchen.

(Briefe)

Für mich ist das Wahnsinnige und das Verbrecherische des Krieges – namentlich in der letzten Zeit, wo ich über den Krieg geschrieben und darum viel darüber nachgedacht habe – so klar, dass ich in einem Kriege nichts als Wahnsinn und Verbrechen entdecken kann. Und mir scheint, dass sich jeder sittliche Mensch vom Kriege fernhalten und nicht an ihm teilnehmen sollte, um nicht von seinen Greueln befleckt zu werden.

(Briefe)

Der Krieg ist kein Amüsement, sondern die abscheulichste Sache im Leben, daran muß man denken und nicht mit dem Krieg spielen. Man muß diese schreckliche Notwendigkeit ernst und streng auffassen. Der Krieg ist kein Kinderspiel, der Kriegerstand ist der rühmlichste Stand! Aber was ist der Krieg? Was ist nötig zum Erfolg? Was ist der Charakter des Kriegerstandes? Das Ziel des Krieges ist der Mord, die Waffe des Krieges ist Spionage und Verrat, die Verheerung der Länder, die Plünderung der Einwohner zur Unterhaltung des Heeres, dann Lug und Trug, die man Kriegslist nennt. Der Charakter des Kriegerstandes ist die Abwesenheit aller Freiheit, das heißt, die Disziplin, Müßiggang, Grausamkeit, Trunkenheit und ungeachtet dessen ist das der höchste Stand, der von allen verehrt wird.

(Krieg und Frieden)

Der Krieg wird nur dann beseitigt werden, wenn die Menschen keinen Anteil mehr an Gewalttaten nehmen und bereit sein werden, die Verfolgungen zu ertragen, denen sie dafür unterworfen werden.

(Das Gesetz der Gewalt und das Gesetz der Liebe)

Nach der Haager Konferenz ist es klar geworden, daß: so lange Regierungen und Heere existieren, Kriege und Rüstungen nicht aufhören können. Damit eine Übereinstimmung überhaupt möglich werde, ist das gegenseitige Vertrauen der Unterhandelnden notwendig. Damit aber die Mächte einander glauben können, müssen sie zuerst die Waffen niederlegen, wie es die Friedensunterhändler bei ihren Zusammenkünften zu tun pflegen.

So lange aber die Regierungen, von keinem gegenseitigen Vertrauen erfüllt, die Heere nicht beseitigen und vermindern, sondern vielmehr fortwährend vergrößern, jede militärische Verschiebung im anderen Staate durch Spione überwachen lassen, – da sie wohl wissen, daß jeder Staat bereit ist, im geeigneten Moment den anderen zu überfallen, – ist eine Vereinbarung unmöglich, und jede Konferenz ist entweder eine Dummheit, eine Spielerei, ein Betrug, eine Frechheit, oder alles zusammen.

(Patriotismus und Regierung)

Durch Gewaltmaßregeln kann man ein Volk bedrükken, aber nicht regieren.

(Briefe)

Durch Gewalttaten, Todesstrafen und Racheakte erzielt man nichts als ebensolche Gewalttaten, Grausamkeiten und Racheakte, die sich vielleicht eine Zeitlang unterdrücken lassen, die aber früher oder später wieder hervorbrechen müssen.

(Briefe)

In unserer Zeit muß es allen denkenden Menschen klar sein, daß das Leben der Menschen – nicht nur in Rußland, sondern auch in allen anderen christlichen Ländern – mit seiner immer anwachsenden Not der Armen und dem Luxus der Reichen, mit seinem Kampf aller gegen alle, – der Revolutionäre gegen die Regierungen, der Regierungen gegen die Revolutionäre, der unterdrückten Völkerschaften gegen ihre Bedrücker, der Staaten untereinander, des Westens gegen den Osten, mit seinen wachsenden und die Kräfte des Volkes verschlingenden Rüstungen, mit seiner Verfeinerung und seinen Lastern – daß ein solches Leben nicht fortgesetzt werden kann, und daß das Leben der christlichen Völker, wenn es sich nicht ändert, unvermeidlich immer elender und elender werden muß.

(Das Gesetz der Gewalt und das Gesetz der Liebe)

Es scheint offenbar, daß, wenn die einen, trotz ihrer Anerkennung der Wohltat der Liebe, im Namen irgendwelcher wohlgemeinter Zukunftsziele die Notwendigkeit der Folterung und der Tötung anderer Leute anerkennen, andere Leute mit demselben Recht und aus denselben Beweggründen sich das gleiche Recht zuerkennen dürften. Es scheint also offenbar, daß die geringste Ab-

weichung von den Forderungen des Gesetzes der Liebe
die ganze Bedeutung, den Sinn und die Wohltat dieses
Gesetzes, das jeder religiösen Lehre und jedem Moralge-
setz zugrunde liegt, vernichten müsse. Dies alles erscheint so offenbar, daß es peinlich ist, das zu beweisen.

(Das Gesetz der Gewalt und das Gesetz der Liebe)

Diese Befreiung von dem Übel, das die Menschen quält
und korrumpiert, wird nicht dadurch erreicht werden,
daß die Menschen die bestehende Ordnung, die Monar-
chie, die Republik usw., wie sie auch sei, zu festigen oder
zu verteidigen suchen, und auch nicht dadurch, daß sie
die bestehende Ordnung vernichten und an ihrer Stelle eine bessere, sozialistische oder kommunistische auf-
richten, wie überhaupt nicht dadurch, daß ein Teil der
Menschen sich eine bestimmte von ihnen als die beste
anerkannte Gesellschaftsordnung konstruieren und die
Menschen mit Gewalt zwingen wird sie anzunehmen,
sondern nur dadurch, daß jeder Mensch (die Mehrheit
der Menschen) ohne zu denken und sich über die Folgen
seiner Tätigkeit für sich und für andere Personen Sorgen
zu machen, in ganz bestimmter Weise handeln wird:
nicht um eine bestimmte gesellschaftliche Ordnung
herzustellen, sondern um für seine eigene Person, in seinem eigenen Leben das keine Gewalttat duldende Gesetz der Liebe zu verwirklichen, das er als höchstes Lebensgesetz betrachtet.

(Das Gesetz der Gewalt und das Gesetz der Liebe)

Ich habe im Krieg und im Kaukasus viel Schreckliches gesehen, aber wenn man vor meinen Augen einen Menschen in Stücke gerissen hätte, wäre dies nicht so widerwärtig gewesen wie eine solche kunstvolle und elegante Maschine, mit Hilfe derer man in einem Augenblick einen starken und gesunden Mann tötete.

(Briefe)

Oh, wenn die Menschen nur glauben wollten, daß die Stärke nicht in der Gewalt, sondern in der Wahrheit liegt, wenn sie nur nicht in Wort und Tat davor zurückschrecken, wenn sie nicht sagen würden, was sie nicht denken und fühlen, wenn sie nicht täten, was sie selbst als töricht und unrecht erkennen!

(Patriotismus und Christentum)

Gewalt ist dadurch verlockend, daß sie von der Anstrengung der Aufmerksamkeit, von der Arbeit der Vernunft befreit. Den Knoten zu lösen, macht Mühe; ihn durchzuschneiden – ist leichter.

(Tagebücher)

Alles Böse, worunter die Menschen leiden und stöhnen, kommt vom Militarismus. Das Schlimmste dabei ist nicht das, worüber sie sich beklagen, sondern daß der Staatsdienst, besonders der Militärdienst die Seele tötet.

(Tagebücher)

Im Hinblick auf die Personen, die die militärische Tätigkeit freiwillig wählen, möchte ich vorschlagen, daß wir in diesem Aufruf klar und präzis zum Ausdruck bringen, daß diese Tätigkeit, ungeachtet aller Feierlichkeit, allen Glanzes und der allgemeinen Billigung, die ihr zuteil wird, verbrecherisch und schändlich ist, und zwar umso mehr, je höher die Stellung ist, die der Mensch im Militärdienst einnimmt. Ebenso möchte ich in bezug auf die Menschen aus dem Volke, die durch Androhung von Strafen oder durch Aussicht auf Gewinn zum Militär herangezogen werden, vorschlagen, daß wir klar und bestimmt auf den großen Irrtum hinweisen, den sie gegen ihren Glauben, wie gegen die Sittlichkeit und den gesunden Menschenverstand dadurch begehen, daß sie darein einwilligen, in die Armee zu treten: Gegen den Glauben dadurch, daß sie in die Reihen von Mördern treten und das von ihnen anerkannte Gesetz Gottes verletzen; gegen die Sittlichkeit dadurch, daß sie aus Furcht, von Seiten der Behörden bestraft zu werden oder um eigennütziger Interessen willen bereit sind, zu tun, was sie in ihrem Innern für schlecht erkennen; und gegen den gesunden Menschenverstand dadurch, daß sie, wenn sie in das Heer treten, im Kriegsfall von denselben, wenn nicht noch schwereren Leiden bedroht sind, als die, die ihnen für die Dienstweigerung drohen; gegen den gesunden Menschenverstand vor allem aber schon darum, weil sie demselben Schlag Menschen sich beigesellen, der sie ihrer Freiheit beraubt und sie zum Militärdienste zwingt.

(Rede gegen den Krieg)

Der Militärdienst demoralisiert überhaupt die Menschen. Er veranlaßt sie zum Müßiggang, das heißt zum Aufgeben jeder vernünftigen und nützlichen Tätigkeit. Er entbindet sie von den allgemeinen menschlichen Pflichten und stellt als Ersatz dafür nur die konventio-

nelle Ehre des Regiments, der Uniform und der Fahne
hin, nur die unbeschränkte Gewalt über andere Menschen oder sklavische Unterwürfigkeit vor den Vorgesetzten.

(Auferstehung)

Das Militärwesen ist ein Überbleibsel, das keine Exi-
stenzberechtigung hat, es ist eine Art Blinddarm.

(Tagebücher)

Der Militarismus ist das Symptom einer Krankheit.

(Briefe)

Wir vernichten Millionen von Blumen, um einen Palast
oder ein Theater mit elektrischer Beleuchtung zu errichten; die Blüte einer Distel ist aber kostbarer als tausend
Paläste.

(Tagebücher)

Nie darf ein Mensch dem Laster, der Gewalt Vorschub
leisten und bei vollem Bewusstsein (d. h. wenn er nicht
von seiner Leidenschaft übermannt ist) Gebrauch von
solchen Dingen machen.

(Briefe)

»Man kann sich wohl und munter fühlen, ohne Tiere zu
töten und zu verzehren; wenn also jemand Fleisch isst,
nimmt er nur aus Leckerheit am Tiermord teil. Diese
Handlungsweise ist unmoralisch.« Das ist so einfach
und zweifellos, daß man unbedingt damit einverstan-
den sein muss. Weil aber die meisten Leute noch Fleisch

essen, sagen diejenigen, die dieses Urteil hören, trotzdem sie die Richtigkeit anerkennen, lachend: »Ein gutes Stück Beefsteak ist aber doch eine schöne Sache; ich esse es heute Mittag und freue mich darauf.«

(Briefe)

Wie mächtig, wie tief eingewurzelt ist in den Menschen der Abscheu gegen alles Töten! – Indessen böses Beispiel, Aufmunterung der menschlichen Freßgier, die Behauptung, daß solches Morden von Gott eingesetzt und erlaubt sei, und am meisten die Gewohnheit haben den Menschen bis zum völligen Verlust dieses natürlichen Gefühls herabgeführt.

(Die erste Sprosse)

Wir sind keine Strauße und können uns nicht einbilden, daß, wenn wir nur nicht hinschauen, dasjenige nicht geschehen werde, was wir nicht sehen wollen. Das geht hier um so weniger an, als das wir dasjenige nicht sehen wollen, was wir essen wollen. Und dann noch eins: wenn Fleischnahrung dem Menschen notwendig wäre! ... Aber sagen wir nicht notwendig, sagen wir nur, zu irgend etwas nütze – zu gar nichts!* Kann es ihm förder-

---

* Diejenigen, welche daran zweifeln, mögen die zahlreichen von Ärzten und Sittenlehrern über diesen Gegenstand geschriebenen Bücher lesen, in welchen bewiesen wird, daß das Fleisch für die Ernährung des Menschen unnötig ist. Man lasse sich nicht beirren durch die Stimmen der Ärzte und Lehrer des Alten Testaments, welche die Notwendigkeit der Fleischnahrung predigen, immer darauf pochend, daß ihre Vorfahren und sie selbst so lange an diesem Brauche festgehalten haben. Es ist ein Starrsinn, eine böswillige Intoleranz in diesem Sichanklammern an das Böse, wie solches bei Verfechtung des Alten und Überlebten in der Regel zu Tage tritt.

lich sein, wenn in ihm tierische Gefühle großgezogen werden, wenn er zu Völlerei, Wollust, Trunksucht angespornt wird?

(Die erste Sprosse)

Ich muss gestehen, die Tatsache: dass ein Mensch den anderen zum Tode verurteilt, das Urteil vollstrecken und ihn hinrichten lässt, hat mich nicht nur stets empört, sondern kam mir auch wie etwas ganz Unmögliches, Ausgeklügeltes, wie eine jener Handlungen vor, an deren Möglichkeit man nicht glauben will, obgleich man weiß, daß solche Greuel von Menschen verübt wurden und noch werden. Die Todesstrafe war und ist mir nur eine jener Handlungen, die wenn sie auch tatsächlich vollzogen werden, nie das Bewusstsein in mir abtöten, daß sie unmöglich vollzogen werden dürften.

Ich kann es verstehen, wenn ein Mensch unter dem Einfluß augenblicklicher Empörung und Rachsucht, oder bei verminderter menschlicher Zurechnungsfähigkeit einen Mord begeht, um einen Angehörigen, oder gar sich selbst zu schützen, wenn er unter dem Einfluss einer patriotischen Massensuggestion, sich selbst der Todesgefahr aussetzt und an dem Massenmord im Kriege teilnimmt. Aber daß Menschen ruhigen Blutes, im Vollbesitze ihrer menschlichen Eigenschaften und nach reiflicher Überlegung, die Notwendigkeit anerkennen, daß einer ihrer Mitmenschen ermordet werden müsse, und andere Menschen zwingen könnten, diese unmenschliche Handlung zu vollziehen – das habe ich niemals begreifen können.

(Briefe)

Man darf nicht verzagen, sondern je mehr Böses außen geschieht, um so mehr muss man es in sich vernichten; das ist das einzige Mittel, es zu beseitigen.

(Briefe)

»Die Kunst kann man nicht vernichten«

Kunst, Literatur, Musik, Wissenschaft und Kultur

Wie poetisch, dem echten ähnlich, effektvoll oder interessant ein Gegenstand auch sein mag, er ist kein Kunstgegenstand, wenn er in dem Menschen nicht jenes, von allen anderen völlig verschiedene Gefühl der Freude, der seelischen Vereinigung mit einem anderen (dem Autor) und mit noch mehr anderen (den Zuhörern oder Zuschauern, die dasselbe Kunstwerk empfangen) hervorruft.

(Was ist Kunst?)

Kunst ist nicht, wie die Metaphysiker sagen, Offenbarung irgendeiner geheimnisvollen Idee, des Schönen, Gottes; sie ist nicht, wie die Physiologen unter den Ästhetikern sagen, Spiel, in dem der Mensch den Überschuss angesammelter Energie entlädt; sie ist nicht Äußerung von Emotion durch äußere Zeichen; ist nicht Herstellung angenehmer Gegenstände, ist vor allem nicht Genuss, sondern sie ist ein für das Leben und das Glücksstreben des einzelnen Menschen und der Menschheit unentbehrliches Kommunikationsmittel, das die Menschen durch ein und dieselben Gefühle vereint.

(Was ist Kunst?)

Das Hauptziel der Kunst – falls eine Kunst vorhanden ist und sie ein Ziel hat – besteht darin, die Wahrheit über die menschliche Seele zum Vorschein zu bringen, die Geheimnisse auszudrücken, die man mit einfachen Worten nicht auszudrücken vermag. Das heißt dann Kunst. Die Kunst ist das Mikroskop, das der Künstler auf die Geheimnisse seiner Seele einstellt, um diese allen Menschen gemeinsamen Geheimnisse allen zu zeigen.

(Tagebücher)

Um etwas zu schaffen, was auf den Namen Kunst Anspruch erheben kann, muss man klar und ohne Zweifel wissen, was gut und was böse ist; nur eine einzelne Linie sehen und dann nicht malen, was ist, sondern was sein müsste. Und das, was sein müsste, so denken, als ob es wirklich ist. So dass für den Betreffenden das, was sein müsste, tatsächlich ist.

(Briefe)

Um Künstler zu sein, bedarf man allerlei, vor allen Dingen aber – des Feuers!

(Albert)

Ein Künstler muß, um auf andere zu wirken, ein Suchender sein, auf daß auch sein Werk ein Suchen sei. Wenn er schon alles gefunden hat, alles weiß und lehrt, oder wenn er mit Absicht unterhält, wirkt er nicht. Nur wenn er sucht, vereinigt sich mit ihm der Zuschauer, der Hörer, der Leser im Suchen.

(Tagebücher)

Das Ziel des Künstlers besteht nicht darin, eine Frage unfehlbar zu lösen, sondern darin, seine Leser das Leben in seinen unzähligen und unerschöpflichen Erscheinungen lieben zu lassen.

(Briefe)

Der Schriftsteller nimmt das Beste aus seinem Leben und legt es in sein Werk. Deshalb ist sein Werk einzigartig schön und sein Leben schlecht.

(Briefe)

Selbstentäußerung und Leiden werden das Los des Denkers und Künstlers sein, denn ihre Ziele sind das Wohl der Menschheit.

(Was sollen wir denn tun?)

Wir sind alle entsetzliche Lügner. Ich selbst, wenn ich schreibe, fühle plötzlich Mitleid für eine Figur, und dann gebe ich ihr eine gute Eigenschaft oder ich nehme eine gute Eigenschaft von jemand anderem, so daß sie im Vergleich nicht zu schwarz erscheint. Darum sage ich, Kunst ist Lüge, ein willkürlicher, schädlicher Betrug. Man schreibt nicht was das wirkliche Leben ist, sondern einfach, was man selber vom Leben denkt.

(Erinnerungen an Lew Nikolajewitsch Tolstoi)

Die Kunst ist die höchste Offenbarung der menschlichen Macht. Sie wird nur wenigen Auserwählten gegeben, und sie erhebt den Auserwählten auf eine solche schwindelnde Höhe, daß es schwer ist, gesunden Geistes zu bleiben. In der Kunst gibt es, wie in jedem Kampfe, Helden, die sich ganz ihrem Dienst opfern und zugrunde gehen, ohne ihr Ziel erreicht zu haben.

(Albert)

Die Stärke einer Dichtung liegt vor allem in der Liebe; die Richtung dieser Kraft aber hängt vom Charakter ab; ohne die Macht der Liebe gibt es keine Poesie; eine falsch gerichtete Kraft, ein unangenehmer, schwacher Charakter des Dichters wirkt abstoßend.

(Briefe)

Zu der Schönheit hat die Wahrheit nicht die geringste Beziehung, und sehr oft steht sie sogar mit ihr in Widerspruch, denn die Wahrheit hat die allgemeine Wirkung, Enttäuschung hervorzubringen und die Illusion zu zerstören, die eine der Hauptbedingungen der Schönheit bildet.

(Gegen die moderne Kunst)

Die Kunst unterscheidet sich von den andern Formen der geistigen Tätigkeit dadurch, daß sie auf die Menschen unabhängig von ihrem Entwicklungs- und Erziehungszustand wirkt. Und das Ziel der Kunst ist, Dinge fühlbar und verständlich zu machen, die unter der Form eines geistigen Arguments unzugänglich bleiben würden. Der Mensch, der einen wirklichen künstlerischen Eindruck empfängt, hat das Gefühl, daß er das, was ihm die Kunst enthüllt, bereits kannte, aber außer Stande war, den Ausdruck dafür zu finden.

(Gegen die moderne Kunst)

Die universelle Kunst entsteht in der Tat nur dann, wenn ein Mensch, der eine lebhafte Bewegung empfunden hat, die Notwendigkeit verspürt, dieselbe auf andere Menschen zu übertragen.

(...) und die Kunst, selbst die niedrigste, wird nicht auf Befehl geschaffen, sondern muß spontan aus der Seele des Künstlers fließen.

(Gegen die moderne Kunst)

Die Universalkunst hat ein bestimmtes und unzweifelhaftes inneres Kriterium: das Volksbewußtsein.

(Gegen die moderne Kunst)

Das wahre Kunstwerk hat die Wirkung, den Unterschied zwischen dem Menschen, an den es sich wendet und zwischen dem Künstler, wie auch zwischen diesem Menschen und allen anderen, an die sich das nämliche Kunstwerk wendet, zu unterdrücken. Und in dieser Unterdrückung jeder Trennung zwischen den Menschen, in dieser Vereinigung des Publikums mit dem Künstler besteht die Haupttugend der Kunst.

(Gegen die moderne Kunst)

Die Kunst ist, wenn sie sich des Wortes bedient, ein Instrument zur Vereinigung der Menschen, und infolgedessen des Fortschritts; das heißt, der Vorwärtsbewegung der Menschheit dem Glücke zu.

(Gegen die moderne Kunst)

Die Sorge um die Technik und die Schönheit beeinträchtigt sehr häufig das Gefühl bei den Malern.

(Gegen die moderne Kunst)

Wenn man in einer vollkommen verständlichen und einfachen Sprache schreibt, wird man nie etwas Schlechtes schreiben können. Alles Unsittliche wirkt in einer solchen Sprache so abstoßend, dass man es sofort beiseite wirft.

(Briefe)

Das ist also das Schicksal der Poesie! (…) Alle lieben sie, alle suchen sie, alle streben nach ihr im Leben, und doch will niemand ihre Macht anerkennen, sie als das höchste Gut dieser Welt würdigen. Niemand schätzt diejenigen, die dieses Gut den Menschen vermitteln, und niemand weiß ihnen Dank.

(Luzern)

Mystik ohne Poesie ist Aberglaube, Poesie ohne Mystik ist Prosa.

(Auferstehung)

Ich glaube, man soll nur etwas schreiben, wenn der Gedanke, den man ausdrücken will, sich einem so sehr aufdrängt, dass man ihn nicht los werden kann, bis man ihn möglichst gut ausgedrückt hat. Alle anderen Motive dagegen, aus denen man schreibt, wie Eitelkeit oder Geldgier, können, selbst wenn sie ein Bedürfnis, seine Gedanken auszudrücken, nur begleiten, die Aufrichtigkeit und den Wert eines schriftstellerischen Erzeugnisses nur beeinträchtigen.

(Briefe)

Keine noch so genialen Hinzufügungen können ein Werk so verbessern, wie es Ausstreichungen verbessern können.

(Tagebücher)

In der Musik gibt es ein Element des Lärms, des Kontrasts, der Schnelligkeit, das direkt auf die Nerven wirkt, nicht aber auf das Gefühl. Je mehr davon vorhanden ist, desto schlechter ist die Musik. Dasselbe gilt auch von den anderen Künsten: in der Poesie ist es die Deklamation, in der Malerei die Grellheit der Farben ...

(Tagebücher)

Wenn jemand auf die Frage: Können Sie Violine spielen? antwortet: Ich weiß es nicht, ich hab es noch nicht versucht, so weiß jeder, daß dies ein Scherz ist. Wenn jemand aber auf die Frage: Können Sie wohl ein Werk, eine Dichtung schreiben? antwortet: Vielleicht – ich habe es noch nicht versucht, so fassen wir dies beileibe nicht als Scherz auf, sehen wir doch sehr häufig Leute, die sich das Höchste zutrauen und dementsprechend auftreten. Was folgt daraus? Doch nur, daß über das Fiedeln eines schlechten Geigers jeder urteilen kann (wiewohl es immer rohe Leute gibt, die auch ohrenzerreißende Mißtöne schön finden), während es eines feinen Gefühls und einer geistigen Entwicklung bedarf, um zu unterscheiden zwischen einer bloßen Anhäufung von Wörtern und Sätzen und einer echten Dichtung.

(Tagebücher)

– Aber hierin liegt ja eben der Ausgangspunkt der Kultur: aus allem sich einen Genuß zu verschaffen.
– Wenn dies das Ziel der Kultur sein soll, dann wünschte ich lieber wild zu bleiben.

(Anna Karenina)

Die Kunst ist eines der beiden Organe des Fortschritts der Menschheit. Durch das Wort tauscht der Mensch seine Gedanken aus, durch die Kunst tauscht er seine Gefühle mit allen Menschen nicht nur seiner Zeit, sondern auch der gegenwärtigen und künftigen Generationen aus. Und es liegt in der Natur des Menschen, sich dieser beiden Organe zu bedienen, so daß die Verrohung des einen von beiden verhängnisvolle Folgen für die Gesellschaft, in der sie auftritt, nach sich ziehen muß.

(Gegen die moderne Kunst)

Wissenschaft und Kunst sind für die Menschen ebenso notwendig, wenn nicht notwendiger als Speise, Trank und Kleidung.

(Was sollen wir denn tun?)

Die Wissenschaft und die Kunst sind ebenso eng miteinander verbunden, wie die Lungen und das Herz, so daß, wenn das eine Organ verdorben ist, auch das andere nicht regelrecht wirken kann.

(Was ist Kunst?)

Die Wissenschaft ist nichts anderes als die Aneignung dessen, was vor uns kluge Leute gedacht haben.

(Tagebücher)

Auf allen Gebieten der sogenannten Wissenschaft unserer Zeit ist ein und derselbe Zug bemerkbar, der alle Anstrengungen des Menschenverstandes, welcher sich auf die Untersuchung verschiedener Wissensgebiete lenkt, unnütz macht. Dieser Zug besteht darin, daß alle Untersuchungen der Wissenschaft unserer Zeit die wesentliche Frage umgehen, auf welche eine Antwort gefordert wird, und nebensächliche Umstände untersuchen, deren Erforschung zu nichts führt und nur um so verwickelter wird, je weiter man sie fortsetzt.

(Was ist Religion?)

Das Verfahren der Naturwissenschaften, das auf Tatsachen fußen will, ist das unwissenschaftlichste Verfahren. Es gibt keine Tatsachen. Man kann nur von den Eindrücken sprechen, die die Dinge auf uns machen. Daher ist wissenschaftlich nur jenes Verfahren zu nennen, das von unseren Empfindungen, von den Eindrücken, spricht.

(Tagebücher)

Die wahre Wissenschaft studiert und führt in das Bewußtsein der Menschen dasjenige Wissen, diejenigen Wahrheiten ein, die von den Menschen einer gewissen Zeit und Gesellschaft als die wichtigsten angesehen werden. Die Kunst aber überträgt diese Wahrheiten aus dem Gebiete des Wissens in das Gebiet des Gefühls. Und daher wird, wenn der Weg, den die Wissenschaft geht, falsch ist, auch der Weg der Kunst ebenso falsch sein.

(Was ist Kunst?)

Der Denker und Künstler wird niemals auf jenen olympischen Höhen thronen, auf denen wir sie in unserer Vorstellung zu sehen gewohnt sind; er wird immer und ewig von Unruhe und Angst verfolgt sein und glauben, er hätte das, was die Menschen zum Heile führen und sie von ihrem Elend befreien könnte, finden und verkünden können; und das ist ihm bis jetzt nicht gelungen; morgen aber ist es vielleicht schon zu spät – er könnte doch plötzlich sterben.

(Was sollen wir denn tun?)

Jeder wahre Künstler lernt nicht in der Schule, sondern im Leben von den Mustern der großen Meister.

(Was ist Kunst?)

In sich das einmal empfundene Gefühl hervorrufen und, nachdem man es in sich hervorgerufen hat, dieses Gefühl durch Bewegungen, Linien, Farben, Töne, Bilder, die durch Worte ausgedrückt sind, so wiederzugeben, daß andere dasselbe Gefühl empfinden, – darin besteht die Tätigkeit der Kunst. Die Kunst ist eine menschliche Tätigkeit, die darin besteht, daß der eine Mensch, bewußt, durch gewisse äußere Zeichen, den anderen die Gefühle, die er empfindet, mitteilt, die anderen Menschen von diesen Gefühlen angesteckt werden und sie nacherleben …

(Was ist Kunst?)

Die Kunst fängt dann an, wenn ein Mensch in der Absicht, den anderen Menschen das von ihm empfundene Gefühl mitzuteilen, dasselbe von neuem in sich hervorruft und es durch gewisse äußere Zeichen ausdrückt.

(Was ist Kunst?)

Die Kunst ist das geistige Organ des menschlichen Lebens und man kann sie nicht vernichten.

(Was ist Kunst?)

Die Kunst ist kein Genuß, Trost oder Zeitvertreib; die Kunst ist eine große Sache. Die Kunst ist das Organ des Lebens der Menschheit, das das vernünftige Bewußtsein der Menschen in Gefühl übersetzt ... Die Kunst ist ein für das Leben und das Hinstreben auf das Wohl des einzelnen Menschen und der Menschheit notwendiges Mittel der Einigung der Menschen, das sie in einem und demselben Gefühle vereinigt.

(Was ist Kunst?)

Ohne Erkenntnis dessen, worin die Bestimmung und das Heil aller Menschen besteht, werden alle anderen Kenntnisse und Künste zu einer müßigen und schädlichen Spielerei.

(Was sollen wir denn tun?)

Die Aufgabe der Kunst ist ungeheuer: die echte Kunst muß mit Hilfe der Wissenschaft, geleitet von der Religion, erreichen, daß das friedliche Zusammenleben der Menschen, das jetzt durch äußere Maßregeln – durch Gerichte, Polizei, wohltätige Anstalten, Fabrikinspektion und dergleichen erhalten wird, – durch die freie und freudige Tätigkeit der Menschen erreicht werde. Die Kunst muß die Gewalt beseitigen.

(Was ist Kunst?)

Die Kunst, jede Kunst an sich, hat die Eigenschaft, die Menschen zu vereinigen.

(Was ist Kunst?)

Die Aufgabe der Kunst besteht darin, das verständlich und faßbar zu machen, was in Gestalt von Erörterungen unverständlich und unfaßbar sein könnte.

(Was ist Kunst?)

Große Kunstwerke sind nur deshalb groß, weil sie allen zugänglich und verständlich sind.

(Was ist Kunst?)

Man sagt: Die Kunstwerke gefallen dem Volke nicht, weil es nicht fähig ist, sie zu verstehen. Aber wenn die Kunstwerke den Zweck haben, die Gefühle auf die Menschen zu übertragen, die der Künstler empfunden hat, wie kann man dann von Unverständnis reden?

(Was ist Kunst?)

Die Kunst kann der großen Masse nicht lediglich deshalb unverständlich sein, weil sie sehr gut ist, wie dies die Künstler unserer Zeit zu sagen lieben. Man muß eher annehmen, daß der großen Masse die Kunst nur deshalb unverständlich ist, weil diese Kunst eine sehr schlechte oder auch gar keine Kunst ist.

(Was ist Kunst?)

Zu sagen, daß ein Kunstwerk gut, aber unverständlich sei, ist ebenso, als ob man von einer Speise sagte, sie sei sehr gut, aber die Menschen könnten sie nicht essen.

(Was ist Kunst?)

Die Werke eines Künstlers kann man nicht deuten. Wenn man mit Worten das erklären könnte, was der Künstler sagen wollte, hätte er es auch mit Worten gesagt.

(Was ist Kunst?)

Das Werk eines Künstlers kann nicht erklärt werden.

(Gegen die moderne Kunst)

Die Erläuterung eines Kunstwerkes durch Worte beweist nur, daß der, der es deutet, nicht fähig ist, die Kunst nachzuempfinden. So sind denn auch, so sonderbar es scheinen mag, die Kritiker stets Menschen gewesen, die weniger als andere fähig waren, die Kunst nachzuempfinden. Meistens sind es Menschen, die flott schreiben, gebildet, klug sind, aber mit vollständig verdorbener oder mit atrophierter Fähigkeit, die Kunst nachzuempfinden.

(Was ist Kunst?)

129

Das Poetische, die Nachahmung, das Auffallende und das Anziehende können in einem Kunstwerk vorkommen, aber sie können nicht die Haupteigenschaft der Kunst ersetzen: das Gefühl, das der Künstler empfunden hat.

(Was ist Kunst?)

Wir haben uns so gewöhnt, Kunst und Natur zu vermengen, daß uns sehr oft die Erscheinungen der Natur, welchen wir nie in der Malerei begegnen, unnatürlich erscheinen, als wäre die Natur unnatürlich, und umgekehrt: die Erscheinungen, die sich zu oft in der Malerei wiederholen, kommen uns trivial vor.

(Lebensstufen)

Das Kennzeichen, das die echte Kunst von der gefälschten unterscheidet, ist ein einziges untrügliches – die Ansteckungsfähigkeit der Kunst.

(Was ist Kunst?)

Poetisch – heißt entlehnt.

(Was ist Kunst?)

Wer die Übertünchung entfernt, die ein Gemälde verdeckt, ist darum noch kein Maler.

(Briefe)

Die Romane endigen damit, daß Held und Heldin sich heiraten. Sie sollten damit *anfangen* und damit schließen, daß beide auseinandergehn, das heißt, sich befreien. Statt dessen beschreibt man das Leben der Menschen, um die Beschreibung mit der Heirat abzubrechen. Das ist dasselbe, als wollte man bei einer Reisebeschreibung damit aufhören, daß der Reisende unter die Räuber gefallen ist.

(Briefe)

Die echte Kunst bedarf keiner Verzierungen, so wenig, wie sie die Frau eines liebenden Mannes bedarf. Die gefälschte Kunst muß, gleich der Prostituierten, stets geschmückt sein.

(Was ist Kunst?)

In den Akademien, Gymnasien, Konservatorien lehrt man, wie die Kunst nachzuahmen sei, und indem die Menschen dies lernen, werden sie so verdorben, daß sie vollständig die Fähigkeit, die echte Kunst zu erzeugen, verlieren und Lieferanten jener gefälschten oder geringen oder unsittlichen Kunst werden, die unsere Welt erfüllt.

(Was ist Kunst?)

Ein Poem im Versmaße aus den Zeiten Kleopatras zu schreiben, oder ein Bild des Nero, wie er Rom verbrennt, oder eine Symphonie im Sinne von Brahms und Richard Strauß oder eine Oper im Geiste Wagners zu verfassen, ist viel leichter, als eine schlichte Erzählung ohne irgend etwas Überflüssiges und zugleich so zu erzählen, daß sie

das Gefühl des Erzählers wiedergibt, oder mit der Blei-
feder ein Bild zu zeichnen, das den Zuschauer rühren
oder zum Lachen bringen würde, oder vier Takte einer
einfachen klaren Melodie ohne jegliche Begleitung nie-
derzuschreiben, die die Stimmung wiedergeben und
den Zuhörern in Erinnerung bleiben würde.

(Was ist Kunst?)

Die rein sprachliche Arbeit ist überaus mühevoll, denn
die Sprache muss schön sein, kurz, schlicht und vor allem klar.

(Briefe)

Ich liebe das Klare und Bestimmte, Maßvolle und Schöne, und all dies finde ich in der Poesie, der Sprache und
dem Leben des Volkes.

(Briefe)

Wissenschaftliche und künstlerische Tätigkeiten, in ihrer wahren Bedeutung, sind nur dann von ersprießlicher
Wirkung, wenn sie keine Rechte, sondern nur Pflichten
kennen. Nur aus dem Grunde, weil sie so beschaffen sind,
daß sie ihrem Wesen nach die äußerste Selbstverleugnung üben müssen, wird ihr Wirken von der Menschheit so hoch geschätzt.

(Was sollen wir denn tun?)

Wie man Menschen an faule Speisen, Branntwein, Tabak, Opium gewöhnt, so kann man den Menschen auch an eine schlechte Kunst gewöhnen. Man tut es ja auch tatsächlich.

(Was ist Kunst?)

Früher schrieb man poetische Werke in der lateinischen Sprache, aber die jetzigen Kunstwerke sind dem Volke ebenso unverständlich, wie wenn sie im Sanskrit verfaßt wären.

(Was ist Kunst?)

Die Folge der wahren Kunst ist ein neues Gefühl, das in den Laufkreis des Lebens eingeführt ist, wie die Folge der Liebe einer Frau die Geburt eines neuen Menschen für das Leben ist. Die Folge der gefälschten Kunst ist die Verführung des Menschen, die Unersättlichkeit an Vergnügungen, die Schwächung der geistigen Kräfte des Menschen.

(Was ist Kunst?)

Die Schönheit, die Freude an und für sich, abgesehen von dem Guten, ist widerlich. Dies ist mir klar geworden, und ich habe sie fallen lassen. Das Gute ohne Schönheit ist qualvoll. Nur die Vereinigung beider, und nicht die Vereinigung, sondern die Schönheit als Krone des Guten.

(Der Sinn des Lebens)

Das Wahre ist eine Übereinstimmung des Ausdrucks mit dem Wesen des Gegenstandes und deshalb ist es eins der Mittel zur Erreichung des Guten, aber das Wahre an sich ist nicht das Gute, nicht das Schöne, und fällt gar mit ihnen nicht zusammen.

(Was ist Kunst?)

Merkwürdig, wie willkommen die Täuschung ist, daß das Schöne das Gute ist. Eine schöne Frau mag Dummheit schwatzen, wir lauschen ihr und hören nichts Dummes, wir hören sogar Gescheites heraus. Sie spricht, sie begeht häßliche Dinge, und wir sehen etwas Anmutiges darin. Spricht sie aber weder Dummes noch Häßliches und ist schön, gleich bilden wir uns ein, sie sei Wunder wie gescheit und tugendhaft.

(Kreutzersonate)

Der Begriff des Schönen fällt nicht nur nicht mit dem Guten zusammen, sondern ist ihm eher entgegengesetzt, weil das Gute größtenteils mit dem Siege über Leidenschaften zusammenfällt, das Schöne ist aber die Grundlage aller unserer Leidenschaften. Je mehr wir uns dem Schönen ergeben, desto weiter entfernen wir uns von dem Guten.

(Was ist Kunst?)

Den Grad der Wichtigkeit sowohl der Gefühle, die von der Kunst wiedergegeben werden, wie auch der Kenntnisse, die von der Wissenschaft wiedergegeben werden, bestimmt für die Menschen das religiöse Bewußtsein einer gewissen Zeit und Gesellschaft, d. h. die allgemeine

Auffassung der Menschen dieser Zeit und Gesellschaft von der Bestimmung ihres Lebens.

(Was ist Kunst?)

Der Gang, den die Kunst genommen hat, ist ähnlich, als wenn man auf einen Kreis von großem Durchmesser Kreise von immer kleineren und kleineren Durchmessern aufgelegt hätte, so daß sich ein Kegel bildet, dessen Gipfel schon aufhört, ein Kreis zu sein. Das ist auch bei der Kunst unserer Zeit eingetreten.

(Was ist Kunst?)

In unserer Gesellschaft meint man, daß ein Künstler besser arbeiten, mehr vollbringen werde, wenn er materiell versorgt sei. Diese Meinung würde noch einmal mit voller Klarheit beweisen – wenn dies noch zu beweisen nötig wäre –, daß das, was unter uns als Kunst angesehen wird, keine Kunst, sondern nur ihre Nachahmung ist. Durchaus richtig ist es, daß für das Produzieren von Stiefeln oder Semmeln die Arbeitsteilung sehr vorteilhaft ist, daß der Schuhmacher oder Bäcker, der es nicht nötig hat, für sich selbst das Mittagbrot zu bereiten und das Holz anzufahren, mehr Stiefel und Semmel schaffen wird, als wenn er selbst das Mittagbrot und das Holz besorgen müßte. Die Kunst jedoch ist kein Handwerk, sondern die Wiedergabe des von dem Künstler empfundenen Gefühls. Das Gefühl aber kann in einem Menschen nur dann geboren werden, wenn er mit allen Seiten des natürlichen, den Menschen eigenen Lebens lebt. Und daher ist die Befreiung der Künstler von ihren materiellen Sorgen die verderblichste Bedingung für die Produktivität des Künstlers, da sie den Künstler von den allen Menschen eigenen Bedingungen des Kampfes mit der Natur zur Erhaltung seines und anderer Menschen Leben entbindet, und da ihm dadurch der Zufall und die Möglichkeit, die wesentlichsten und den Menschen eigentümlichen Gefühle zu empfinden, verloren gehen. Es gibt keine verderblichere Lage für die Produktivität des Künstlers, als die Lage der vollen Versorgtheit und des Luxus, in der sich der Künstler gewöhnlich in unserer Gesellschaft befindet.

(Was ist Kunst?)

»Der Glauben sind es viele,
der Geist aber ist nur einer«

Religion, Kirche und Gott

Die wahre Religion ist eine solche, welche im Einklang mit der Vernunft und mit dem Wissen des Menschen für ihn eine Beziehung mit dem ihm umgebenden unendlichen Leben feststellt, die sein Leben mit dieser Unendlichkeit verbindet und seine Wirksamkeit lenkt.

(Was ist Religion?)

Die wahre Religion besteht in einem solchen, vom Menschen selbst festgesetzten Verhalten zu dem ihn umgebenden unendlichen Leben, das sein Leben mit dieser Unendlichkeit verknüpft und all seine Handlung regelt.

(Das Gesetz der Gewalt und das Gesetz der Liebe)

Religion ist nicht der ein für allemal festgestellte Glaube an irgendwelche übernatürlichen Ereignisse, die sich irgendeinmal vollzogen haben sollen, und liegt nicht in der Notwendigkeit gewisser Gebete und Zeremonien; sie ist auch nicht, wie dies die Gelehrten denken, ein Überbleibsel von Aberglauben des unwissenden Altertums, der in unserer Zeit keine Bedeutung und keine Anwendung im Leben habe; Religion ist die der Vernunft und dem gleichzeitigen Wissen entsprechende Beziehung des Menschen zum äußeren Leben, zu Gott, welche allein die Menschheit vorwärts zu dem ihr vorbestimmten Ziele bewegt.

(Was ist Religion?)

Das Wesen der Religion liegt in der Eigentümlichkeit der Menschen, prophetisch den Weg des Lebens vorauszusehen und auf ihn hinzudeuten, den die Menschheit zu beschreiten hat: in einer Neubestimmung des Sinnes des Lebens, aus dem auch eine andere, die ganze zukünftige Tätigkeit der Menschheit hervorgeht.

(Das Reich Gottes)

Die Grundlage der Erziehung müßte eine solche Religionslehre sein, die mit dem Aufklärungsgrad der Menschen ohne Unterschied der Nationalität und Lebenslage in Übereinstimmung wäre.

Diese Religionslehre kann weder der Katholizismus, noch die Orthodoxie, noch der Protestantismus, noch der Mohammedanismus, noch das Judentum oder der Buddhismus sein, welche sich auf den Glauben an gewisse Propheten stützen, sondern nur noch jene Lehre, deren Wahrheit aus der Vernunft, dem Herzensdrange und der Lebenserfahrung eines jeden Menschen hervorgeht.

(Über Erziehung und Bildung)

Vertrauen und Glauben sind zwei verschiedene Begriffe. Der Glaube ist weder Hoffnung, noch ist er Vertrauen, sondern ist ein besonderer seelischer Zustand. Der Glaube ist das Bewußtsein des Menschen von seiner Stellung im Weltall, welche ihn zu gewissen Handlungen verpflichtet.

(Was ist Religion?)

Wenn du anerkennst, daß du keinen Glauben hast, so wisse, daß du in der gefährlichsten Lage bist, in welcher ein Mensch dieser Welt sich befinden kann.

(Das Gesetz der Gewalt und das Gesetz der Liebe)

Glaube wie Liebe erfordert Mut und Waghalsigkeit.

(Erinnerungen an Lew Nikolajewitsch Tolstoi)

Die Religion war immer, was sie zu sein nicht aufhören kann, eine Notwendigkeit und eine unabweisbare Lebensbedingung für den vernünftigen Menschen und die vernünftige Menschheit.

(Was ist Religion?)

Das Religionsbewußtsein unserer Zeit besteht darin, zu erkennen, daß unser materielles und geistiges, individuelles und kollektives, augenblickliches und permanentes Glück in der Verbrüderung aller Menschen, in unserer Vereinigung zu einem gemeinsamen Leben besteht.

(Gegen die moderne Kunst)

Die Anerkennung der Gleichheit aller Menschen ist unvermeidlich die Grundeigenschaft jeder Religion.

(Was ist Religion?)

Es ist wahr, es gab und es gibt im Leben der Völker Perioden, wo die bestehende Religion so entstellt war und so hinter dem Leben zurückblieb, daß sie dasselbe schon nicht mehr lenkte. Aber dieses zu gewisser Zeit in jeder Religion eintretende Aufhören der Einwirkung auf das Leben der Menschen pflegt nur zeitweilig zu sein. Die

Religion besitzt wie alles Lebendige die Eigenschaft, zu keimen, sich zu entwickeln, zu altern, abzusterben, aufs neue geboren zu werden, und bei jeder Wiedergeburt immer in vollendeterer Form als früher aufzuerstehen. Nach einer Periode der höchsten Entwicklung der Religion bricht immer eine Periode ihrer Entkräftung und Erstarrung an, worauf gewöhnlich eine Periode der Wiedergeburt und der Feststellung einer vernünftigeren und klareren Religionslehre, als die frühere war, beginnt. Solche Zeitabschnitte der Entwicklung, des Absterbens und der Wiedergeburt gibt es in allen Religionen.

(Was ist Religion?)

Das religiöse Bewußtsein in der Gesellschaft ist dasselbe wie die Richtung des fließenden Flusses. Wenn ein Fluß fließt, so gibt es eine Richtung, in der er fließt. Wenn die Gesellschaft lebt, so gibt es ein religiöses Bewußtsein, das die Richtung andeutet, in der, mehr oder weniger bewußt, alle Menschen dieser Gesellschaft vorwärts streben.

(Was ist Kunst?)

Die christliche Lehre in ihrer wirklichen Bedeutung, wie sie in neuerer Zeit immer deutlicher hervortritt, besteht darin, daß das Wesen des menschlichen Lebens ein bewußter, immer mehr zum Durchbruch kommender Ausdruck jenes allgemeinen Prinzips ist, dessen Wirksamkeit sich in uns als Liebe äußert, und daß daher das Wesen des menschlichen Lebens und das höchste Gesetz, das uns leiten soll, eben diese Liebe ist.

(Das Gesetz der Gewalt und das Gesetz der Liebe)

Die ganze Lehre besteht darin, daß das, was wir unser Ich, unser Leben nennen, ein durch unseren Körper beschränktes göttliches Prinzip ist, das durch die Liebe in uns zum Ausdruck kommt, und das darum auch das wahrhafte, göttliche, freie Leben eines jeden Menschen in der Liebe zum Ausdruck gelangt.

(Das Gesetz der Gewalt und das Gesetz der Liebe)

Jegliche Religion erkennt den Menschen als gleich nichtig vor dem Unendlichen, und darum schließt jegliche Religion in sich immer den Begriff der Gleichheit aller Menschen vor demjenigen, was sie als Gott betrachtet, – sei dieser Gott nun der Blitz, der Wind, ein Baum, ein Tier, ein Heros, ein toter oder sogar ein lebender Herrscher, wie dies in Rom der Fall war. So ist also die Anerkennung aller Menschen unvermeidlich die Grundeigenschaft der Religion.

(Was ist Religion?)

Für religiöse Leute überhaupt und für einen Christen insbesondere kann es eine Ungleichheit zwischen Mann und Frau überhaupt nicht geben, da nach Christi Lehre in jedem Menschen ohne Geschlechtsunterschied ein und dieselbe göttliche Offenbarung lebt. Die Offenbarung dieses göttlichen Prinzips kann in der Frau wie im Manne vor sich gehen.

(Briefe)

Die durch die Religion erleuchtete Seele des Menschen lebt ein ewiges, endloses Leben, für welches Leiden und Tod in diesem Leben ebenso nichtig sind, wie für den Arbeiter, der ein Feld beackerte, die Schwielen in den Händen und die Ermüdung der Glieder.

(Was ist Religion?)

Bedeutet nicht »gottgefällig zu leben«: anderen das Leben zu geben, in anderen das geistige, wahre Leben zu erwecken?

(Der Sinn des Lebens)

Das religiöse Bewußtsein unserer Zeit ist in seiner allgemeinsten praktischen Anwendung das Bewußtsein dessen, daß unser materielles und geistiges, einzelnes und allgemeines, zeitliches und ewiges Wohl in dem brüderlichen Leben aller Menschen, in unserer liebevollen Vereinigung untereinander enthalten ist.

(Was ist Kunst?)

Für den Christen ist das Versprechen, die Untertanenschaft irgendeiner Regierung anzuerkennen, der Akt, der als die Begründung des staatlichen Lebens betrachtet wird, eine direkte Verleugnung des Christentums, denn der Mensch, der bedingungslos verspricht, sich in Zukunft den Gesetzen zu unterwerfen, welche die Menschen schaffen und schaffen werden, sagt sich durch dieses Versprechen auf die positivste Weise vom Christentum los, das darin besteht, in allen Lebensbahnen sich nur dem göttlichen Gesetz der Liebe unterzuordnen, das er in sich selbst trägt.

(Das Reich Gottes)

Die Krätze ergreift nur einen unreinen Körper und nährt sich an dem fremden Körper nur so lange, als er schmutzig ist. Darum gibt es für die Erlösung der Arbeiter von ihren Nöten nur ein Mittel: sie müssen sich selbst reinigen. Zu dieser Reinigung ist die Befreiung vom theologischen, staatlichen und wissenschaftlichen Aberglauben nötig und der Glaube an Gott und sein Gesetz.

(Das einzige Mittel)

Der Aberglaube der Religion wird gefördert durch den Bau von Kirchen, durch die Abhaltung von Prozessionen, durch die Aufrichtung von Denkmälern, durch die Feier von Festen für die vom Volke gesammelten Mittel mit Hilfe der Malerei, der Baukunst, der Musik, mit Hilfe von Wohlgerüchen, die das Volk betäuben, und ganz besonders durch die Unterhaltung der sogenannten Geistlichkeit, deren Pflicht darin besteht, durch ihre Ermahnungen, durch das Pathos der Liturgie, der Predigten, durch ihre Einmischungen in das Privatleben der Menschen – bei Geburten, Eheschließungen, Todesfällen – die Menschen zu benebeln und sie in einem ununterbrochenen Zustand der Betäubung zu erhalten.

(Das Reich Gottes)

Wir sind an die religiöse Lüge, die uns umgibt, so gewöhnt, daß wir die schreckliche Dummheit und Grausamkeit nicht einmal merken mit der die kirchliche Lehre vollgespeichert ist.

(Über Erziehung und Bildung)

In allen religiösen Doktrinen, wenn sie zu entarten anfangen, verwenden immer die Wächter der Religionslehre alle Anstrengungen darauf, den Menschen das zu suggerieren, was sie selber brauchen, indem sie diese zugleich in einen Zustand geschwächter Vernunfttätigkeit versetzen. Nötig aber war es bei allen Religionen, immer dieselben drei Satzungen zu suggerieren, welche als Basis aller der Entstellungen dienten, denen die alternde Religion ausgesetzt war.

Erstens dies: daß es eine besondere Art Menschen gäbe, welche allein als Mittelspersonen zwischen den Menschen und Gott oder den Göttern dienen können.

Zweitens dies: daß Wunder geschahen und geschähen, welche die Wahrheit dessen beweisen und bekräftigen, was diese Mittelspersonen zwischen Menschen und Gott sprechen.

Und drittens dies: daß es bestimmte Worte gäbe, die auswendig wiederholt werden oder die in Büchern geschrieben stehen, welche den unwandelbaren Willen Gottes oder der Götter ausdrücken, und die deshalb heilig und unfehlbar sind.

(Was ist Religion?)

Man hört oft sagen, wenn das Christentum die Wahrheit ist, so hätte es damals, da es auftrat, von allen Menschen angenommen werden, das Leben der Menschen verändern und es besser machen müssen. Aber so etwas sagen, heißt behaupten, wenn ein Korn keimfähig sei, müßte es sofort auch Wurzeln, Blüte und Frucht geben.

(Das Reich Gottes)

Das Hauptübel, unter dem die Menschen leben, besteht schon lange nicht mehr darin, daß sie das wahre Gesetz Gottes nicht kennen, sondern daß die Menschen, denen die Kenntnis und die Erfüllung des wahren Gebotes unbequem ist, und die nicht die Macht haben, es zu vernichten oder zu verwerfen, »Bestimmung auf Bestimmung, Vorschrift auf Vorschrift« ersinnen, wie Jesaias sagt, und diese für ebenso verbindliche oder noch verbindlichere Gesetze ausgeben als die wahren Gesetze Gottes.

(Das einzige Mittel)

Dieses kirchliche Christentum hat die Eigenschaft, daß es die Menschen unfehlbar entweder abstößt, da es den Vernünftigen unter ihnen als eine entsetzliche Sinnlosigkeit erscheint, oder aber, wenn es von ihnen angenommen wird, sie so weit von dem wahren Christentum entfernt, daß sie seine wirkliche Bedeutung überhaupt nicht mehr sehen und mit Feindschaft und Erbitterung dieser Bedeutung gegenübertreten.

(Aufruf an die Menschheit)

Ich kann mich nicht zum Glauben an eine Kirche zwingen, die nach ihrer eigenen Definition eine einzige sein muss und dabei in eine griechisch-orthodoxe, katholische, lutherische und andere zerfällt, von denen jede behauptet, dass sie die einzig wahre sei.

(Briefe)

Man sagt: Kehret zur Kirche zurück. Aber ich habe die Kirche als einen großen, offenkundigen und schädlichen Betrug erkannt. »Kaufen Sie auch weiter Mehl bei uns.« Aber ich weiß doch, daß es mit Kalk vermischt und schädlich ist.

(Tagebücher)

Die kirchlichen Lehren, die sich christlich nennen, haben in bezug auf alle Erscheinungen des Lebens an Stelle der Unterweisung im Ideal Christi äußere Bestimmungen und Regeln gesetzt, die dem Geist seiner Lehre widerstreben. Das ist geschehen in bezug auf die Staatsgewalt, die Gerichte, die Kirche, den Gottesdienst, das ist auch bezüglich der Ehe geschehen.

(Über die Ehe)

Die Kirchen als solche, als Vereinigungen, die ihre Unfehlbarkeit behaupten, sind antichristliche Einrichtungen. Die Kirchen als solche und das Christentum haben nicht nur außer den Namen keinerlei Gemeinschaft, sie sind zwei völlig entgegengesetzte und einander feindliche Elemente. Eines ist die Überhebung, die Gewalt, die Selbsteinsetzung, die Narrheit, der Tod; das andere ist die Demut, die Buße, die Unterwürfigkeit, der Fortschritt, das Leben.

(Das Reich Gottes)

Die schreckliche, unlösbare Frage, wie kluge, gebildete Menschen – Katholiken, Orthodoxe – die Absurditäten des Kirchenglaubens glauben können, kann nur durch Hypnose erklärt werden. Im Kindesalter und später in den Minuten der Verzagtheit werden den Menschen diese Ideen eingeflüstert, und sie setzen sich so fest, daß die Menschen nicht im Stande sind, sich davon zu befreien.

(Tagebücher)

Der kirchliche Glaube gestattet alles. Er erlaubt die Sklaverei, und in Europa und Amerika war die Kirche die Beschützerin derselben.

Er erlaubt, sich durch die Arbeit der bedrückten Brüder ein Vermögen zu erwerben.

Er erlaubt, reich zu sein unter Lazarussen, die unter den Tischen der Schwelgenden umherkriechen, und er findet das sogar gut und löblich, wenn man dabei ein Tausendstel für die Kirchen und Krankenhäuser opfert.

Dem Bedürftigen seine Reichtümer vorzuenthalten, Menschen in Einzelhaft zu sperren, in Ketten zu fesseln, an Schubkarren zu schmieden, hinzurichten – alles das segnet die Kirche.

Seine ganze Jugend hindurch Unzucht zu treiben und dann eine dieser Unzuchten Ehe zu nennen und dazu die Autorisation der Kirche zu erhalten – ist erlaubt.

Es ist erlaubt, sich scheiden zu lassen und wieder zu heiraten.

Es ist vor allem erlaubt, zu töten, nicht nur, wenn man sich selbst, sondern auch wenn man seine Äpfel schützt.

Man darf auch zur Strafe töten (Strafe bedeutet Belehrung – also zur Belehrung töten!) und vor allem darf und soll man im Kriege auf Befehl der Vorgesetzten töten; das ist sogar löblich, und die Kirche gestattet es nicht nur, sondern befiehlt es ...

So ist denn die Wurzel von allem die falsche Lehre.

(Aufruf an die Menschheit)

Damit die Kirche sich duldsam nennen könnte, müßte sie frei sein von Geldeinflüssen. Geld ist stets ein Mittel der Gewalt.

(Was ist Religion?)

Die Kirche kann nach ihrer eigenen Definition nicht duldsam sein und ist genötigt, gegen alle Bekenntnisse und gegen alle Bekenner von Glaubensanschauungen, die ihr widersprechen, alle die Mittel anzuwenden, die sie mit ihrer Lehre vereinigen zu können glaubt. Daher sind christliche Religion und christliche Kirche zwei völlig verschiedene Begriffe.

(Was ist Religion?)

Die Ketzerei ist eine Erscheinungsform des Fortschrittes in der Kirche, ist der Versuch, die erstarrte Einrichtung der Kirche zu zerstören, der Versuch einer lebendigen Auffassung der Lehre. Jeder Schritt vorwärts, jeder Schritt zur Erkenntnis und Erfüllung der Lehre ist von Ketzern vollzogen worden; Ketzer waren: Tertullian, Origenes, Augustinus, Luther, Hus, Savonarola, Chelsicky und andere. Und anders konnte es auch nicht sein.

(Das Reich Gottes)

Ja, die Verirrungen und Streitigkeiten in Glaubenssachen kommen von der Eigenliebe (...). Jeder Mensch möchte seinen besonderen Gott oder wenigstens den Gott seines Heimatlandes haben. Jedes Volk möchte in seinem Tempel Denjenigen einschließen, den die ganze Welt nicht umfassen kann.

Und kann irgend ein Tempel demjenigen gleichgestellt werden, den Gott selbst errichtet hat, um in ihm alle Menschen zu einem Bekenntnisse und zu einem Glauben zu vereinigen?

Alle Tempel von Menschenhand sind nach dem Vorbild dieses Tempels – der Welt Gottes – erbaut worden. In allen Tempeln sind Taufbecken, Gewölbe, Kerzen, Bilder, Inschriften, Gesetzbücher, Opfer, Altäre und Priester. Aber in welchem Tempel findet sich ein Taufbecken wie der Ozean, ein Gewölbe wie das Himmelsgewölbe, solche Leuchter wie die Sonne, der Mond und die Sterne, solche Bilder wie die lebendigen, einander liebenden, einander helfenden Menschen? Wo sind die Inschriften von der Güte Gottes, die so verständlich wären, wie die Wohltaten, welche von Gott allenthalben zum Wohle der Menschen ausgestreut sind? Wo ist ein Gesetzbuch, das allen so deutlich wäre, wie das, das jedem in's Herz hineingeschrieben ist? Wo sind die Opfer, die den Opfern der Selbstverleugnung gleichkämen, die liebende Menschen ihren Nächsten bringen? Und wo ist der Altar, der dem Herzen eines guten Menschen vergleichbar wäre, auf dem Gott selbst das Opfer entgegennimmt?

(Das Kaffeehaus von Surat)

Die menschliche Seele ist ihrem Wesen nach eine Christin.

(Das Gesetz der Gewalt und das Gesetz der Liebe)

Mit dem Aberglauben ist es wie mit der Krebskrankheit. Soll eine Operation gelingen, so muß alles ausgeschnitten werden. Bleibt der kleinste Rest übrig, so wuchert alles von neuem.

(Tagebücher)

Gott ist überall derselbe.

(Krieg und Frieden)

Der strengste und konsequenteste Agnostiker muß, ob er will oder nicht, Gott anerkennen. Er muß anerkennen, daß die Existenz seiner selbst und der ganzen Welt einen ihm unzugänglichen Sinn birgt, außerdem muß er das Gesetz seines Lebens anerkennen, das Gesetz, dem er folgen, oder dem er sich entziehen kann. Diese Anerkennung des höchsten, übersinnlichen, aber ganz gewiß vorhandenen, erhabensten Lebenssinnes und Lebensgesetzes heißt Gott und Sein Wille. Und dieser Gottesglaube ist viel fester als der Glaube an den Gott-Schöpfer, die Dreieinigkeit, die Sühne usw. So glauben heißt durch die lockere Erde bis zum Fels graben und darauf sein Haus bauen.

(Tagebücher)

Weder jene Gott, der die Welt in sechs Tagen erschaffen hat, noch jener, der seinen Sohn gesandt hat, noch dieser Sohn selbst ist Gott, sondern Gott ist das Alleinige, das unfaßbar Gute, der Ursprung alles Seienden.

(Tagebücher)

Das Leben der Welt ist in meiner Vorstellung folgendes: durch unzählige und verschiedenartige Röhrchen bewegt sich eine Flüssigkeit, oder ein Gas, oder ein Licht. Dieses Licht ist die ganze Kraft des Lebens – Gott; diese Röhrchen sind wir, alle Wesen. Die einen Röhrchen sind vollständig unbeweglich, die anderen sind es kaum merkbar, die dritten etwas mehr, und wir schließlich sind die vollständig beweglichen Röhrchen. Wir können das Licht vollständig durchlassen und können es zeitweilig zurückhalten.

Das, was wir unser Leben, persönliches Leben nennen – ist die Fähigkeit, uns dem Lichte in den Weg zu stellen, es nicht durchzulassen; das wahre Leben aber ist die Fähigkeit, sich so zu stellen, daß das ganze Licht, ganz und gar, ohne aufgehalten zu werden, durchdringt.

(Der Sinn des Lebens)

»Die Erziehung ist die Einwirkung auf die Herzen«

Erziehung und Kindheit

Die Erziehung ist eine verwickelte und schwere Sache, solange wir die Kinder erziehen wollen, ohne uns selbst zu erziehen.

(Über Erziehung und Bildung)

Alles, was in der Erziehung zur Einigung der Wesen, zur Verbrüderung der Menschen beiträgt, muß gefördert, alles Trennende aber muß beseitigt werden.

(Über Erziehung und Bildung)

Die Erziehung ist die Einwirkung auf die Herzen derjenigen, die wir erziehen.

(Über Erziehung und Bildung)

Bei der Erziehung, der physischen wie der geistigen, halte ich es überhaupt für das Wichtigste, daß den Kindern nichts gewaltsam eingepaukt wird, sondern dass man abwartet und die in ihnen erwachenden Bedürfnisse befriedigt (…).

(Briefe)

Die Absurditäten, die man den Kindern durch Ermahnung und Zuspruch in den Kopf setzt, präparieren sie zur Aufnahme weiterer Absurditäten und machen sie nicht nur geneigt, jeder Dummheit Gehör zu schenken, sondern verhindern das Aufkeimen des natürlichen Menschenverstands.

(Tagebücher)

Die ganze Erziehung besteht in der immer größeren Erkenntnis der eigenen Fehler und der Selbstbefreiung von ihnen. Das kann nun jeder in jeder Lebenslage tun. Und das ist auch das mächtigste Werkzeug, welches der Mensch hat, um auf die anderen Menschen und die Kinder einzuwirken.

(Über Erziehung und Bildung)

Man braucht sich nur mit Erziehung zu befassen, um alle Fehler, die man hat, zu merken. Dann fängt man an, sie zu verbessern. Selbstvervollkommnung ist auch das beste Mittel, um seine eigenen und fremde Kinder und auch Erwachsene zu erziehen.

(Tagebücher)

So seltsam das uns auch vorkommen mag, so ist doch die vollständige Unterrichtsfreiheit, d. h. daß der Schüler oder die Schülerin nur auf eigenen Antrieb zum Unterricht kommen, eine *conditio sine qua non** jedes fruchtbaren Unterrichts (…).

Nur bei der absoluten Freiheit kann man die besten Schüler bis zu den Grenzen bringen, welche sie erreichen können (…). Nur bei der Freiheit kann die allgemeine Erscheinung vermieden werden, daß die Schüler die Gegenstände verabscheuen, die sie sonst vielleicht lieben würden; nur bei der Freiheit kann man erfahren, zu welchem Fach der Schüler Neigung hat; nur die Freiheit verletzt nicht den Einfluß der Erziehung.

(Über Erziehung und Bildung)

---

* Eine notwendige Bedingung (Anm. d. Hg.)

Immerwährend an seiner Vervollkommnung arbeiten und nichts aus dem eigenen Leben vor den Kindern verborgen halten. Es ist besser, daß die Kinder die Schwächen ihrer Eltern kennen, als daß sie fühlen sollten, daß ihre Eltern ein doppeltes Leben führen. Alle Schwierigkeiten der Erziehung kommen davon, daß die Eltern nicht nur ihre Fehler nicht gut machen, sondern dieselben nicht einmal zugeben, bei ihren Kindern dagegen die Fehler wohl sehen. Darin liegt die ganze Schwierigkeit und der ganze Kampf mit den Kindern. Die Kinder sind moralisch viel entwickelter als die Erwachsenen; ohne es zu bekunden, sehen sie nicht nur die Fehler ihrer Eltern, sondern auch den allerschlimmsten Fehler der Eltern, die Heuchelei, und verlieren jede Achtung vor ihnen und jedes Interesse für ihre Vorschriften.

(Über Erziehung und Bildung)

Die einzige Erziehung ist die Wahrhaftigkeit und Ehrlichkeit den Kindern gegenüber.

Die Pädagogik aber ist die Wissenschaft darüber, wie man auf die Kinder einen guten Einfluß haben könnte, wenn man selbst schlecht lebt, so wie die Medizin eine Wissenschaft darüber ist, wie man gesund sein könne, wenn man auch den Gesetzen der Natur zuwider lebt. Es sind dies leere und eitle Wissenschaften, die niemals ihr Ziel erreichen.

(Über Erziehung und Bildung)

Oft hört man die Jugend sagen: ich mag mit fremdem Verstand nicht denken, ich will alles selber überlegen. Aber wozu willst du schon Bedachtes bedenken? Eigne dir das Erworbene an und strebe weiter. Das macht die Kraft des Menschen aus.

(Tagebücher)

Das Wort ist eins der natürlichsten, verbreitetsten und leichtesten Mittel der Gedankenmitteilung. Leider ist dieses Mittel auch ein sehr trügerisches, darum war und wird in der Erziehung das wirksamste und beste Mittel das persönliche Lebensbeispiel des Erziehers sein ... Das Beispiel und das eigene Leben schließen in sich auch das Wort ein. Das Beispiel lehrt leben und sprechen. Das Wort aber schließt in sich das Beispiel nicht ein.

(Über Erziehung und Bildung)

Ich sehe, daß es viel wichtiger ist, einen lebendigen aufgeklärten Menschen in die Welt zu schicken, als hundert Schriften.

(Über Erziehung und Bildung)

Wenn man nur an die Wirklichkeit denken soll, kann kein Spiel zustande kommen. Und wenn das Spiel aufhört, was bleibt da übrig?

(Kindheit)

O, du glückliche, glückliche, unwiederbringliche Kinderzeit! Wie soll man die Erinnerung an dich nicht lieben und hegen! Diese Erinnerungen erquicken und erheben meine Seele und sind mir eine Quelle des reinsten Genusses.

(Kindheit)

Ob sie wohl je wiederkehren, jene Frische, Sorglosigkeit, jenes Bedürfnis zu lieben und jene Glaubensstärke, die wir in der Kindheit besitzen? Welche Zeit kann besser sein als die, in welcher zwei der schönsten Tugenden: unschuldige Fröhlichkeit und das grenzenlose Bedürfnis zu lieben, die einzigen Bewegkräfte des Lebens sind?

(Kindheit)

Die vollständige Gleichgültigkeit der Kinder den religiösen Fragen gegenüber, und die Regierung aller Religionsformen, selbst wenn an ihre Stelle keine positive Religionslehre tritt, sind dem vollendetsten hebräisch-kirchlichen Unterricht bei weitem vorzuziehen.

(Über Erziehung und Bildung)

Entsetzlich, wie der Staat in seinem eigenen Interesse durch die Erziehung die Vernunft der Kinder korrumpiert. Nur so findet die Herrschaft des bewußten Materialismus ihre Erklärung. Dem Kinde werden solche Unsinnigkeiten beigebracht, daß die materialistische, beschränkte, falsche Weltauffassung dann als ungeheure Errungenschaft der Vernunft erscheint, nur weil sie noch vor den Schlüssen, die ihre irrige Auffassung enthüllen würde, Halt macht.

(Tagebücher)

Man kann sich keine schrecklicheren Verbrechen vorstellen, als wie sie in den militärischen Lehranstalten vorkommen. Hier nehmen nicht nur alle Schrecken, Quälereien, Morde, Raubanfälle, die in der Welt vorgehen, ihren Anfang, sondern hier werden in frechster Weise die Seelen der heranwachsenden jungen Leute direkt zu Grunde gerichtet.

(Über Erziehung und Bildung)

Alle unsere Sorgen um das Wohl des Volkes sind dem ähnlich, was ein Mensch machen würde, der über junges sprossendes Grün hinstampfte und sich hernach bemühte, jedes zertretene Bäumchen, Gräschen einzeln aufzurichten und zu heilen. Das bezieht sich hauptsächlich auf die Erziehung.

(Tagebücher)

In der Kindheit und während der Jugend sind die Sinne sehr bestimmt, man hat feste Grenzen. Je länger man lebt, um so mehr verwischen sich diese Grenzen, die Sinne stumpfen ab – so tritt ein neues Verhältnis zur Welt ein.

(Tagebücher)

Mir ist durch den Sinn gegangen, daß die Kinder Vergrößerungsgläser des Schlechten sind. Man braucht sich das Schlechte nur in Beziehung auf Kinder vorzustellen, und das Schlechte, das in Beziehung auf Erwachsene bloß ungut schien, ist, wenn man es sich auf Kinder übertragen denkt, entsetzlich: das Unrecht der Klassen und das den Juden angetane Unrecht, Sittenverderbnis, Mord ...

(Tagebücher)

Die Heuchelei kann in irgend etwas wohl auch den klügsten, scharfsinnigsten Menschen täuschen; aber selbst das allerbeschränkteste Kind wird sie erkennen und sich von ihr abwenden, mag sie auch noch so geschickt verborgen sein.

(Anna Karenina)

Bei uns herrscht die Bourgeois-Regel, daß man nur dann heiraten dürfe, wenn man den Leuten fest auf dem Hals sitzt, das heißt: *Mittel* hat. Aber gerade das Gegenteil sollte der Fall sein. Nur der sollte heiraten, der ein Kind ernähren und erziehen kann, *ohne Mittel zu haben.* Nur solche Eltern können ihre Kinder gut erziehen.

(Briefe)

Man muß der Welt und seiner Familie zugleich dienen, indem man nicht mechanisch die Zeit für das eine und das andere bestimmt, sondern indem man gleichsam chemisch der Sorge um die Familie und der Erziehung der Kinder eine ideale, der ganzen Menschheit dienliche Bedeutung beilegt.

(Tagebücher)

163

»Anschauungen vom Sinne des Lebens«

Der Sinn des Lebens ist nur einer: die Selbstvervollkommnung.

(Der Sinn des Lebens)

Jeder Mensch lebt nur dazu, um seine Individualität zum Vorschein zu bringen.

(Über Erziehung und Bildung)

Das Glück liegt darin, für andere zu leben.

(Die Kosaken)

Das Leben ist ein wichtiges und kompliziertes Werk. Ich sehe es mir an und warte, was daraus wird.

(Briefe)

Der Sinn des Lebens ist ein und derselbe für alle, die in der Welt leben. Es gibt nur eine einzige Aufgabe, und sie besteht darin, seine eigene Seele zu bessern. Das aber, was in der Welt geschieht, ist nur eine Folge dieser gebesserten Seele.

(Tagebücher)

Das Leben kann kein anderes Ziel haben als das Glück, die Freude.

(Tagebücher)

Das Gute ist das ewige, höchste Ziel unseres Lebens. Wie wir das Gute auch auffassen, unser Leben ist doch nichts anderes, als ein Streben nach dem Guten, d. h. nach Gott. Das Gute ist tatsächlich ein Grundbegriff, der metaphysisch das Wesen unseres Bewußtseins ausmacht, ein Begriff, der von der Vernunft nicht definiert wird. Das Gute ist dasjenige, was von niemandem definiert werden kann, was aber alles übrige definiert.

(Was ist Kunst?)

Das Ziel des Lebens? Ein Ziel gibt es nicht und kann es nicht geben, und kein Wissen kann es finden. Das Gesetz der Entwicklung – der Weg des Lebens: Ja, darauf gibt die Religion, die Weisheit, wenn Sie wollen, eine Antwort. Sie antwortet dadurch, daß sie alle solche Wege, die mit dem einzigen wahrhaftigen zusammenfallen, vorführt. Durch Negation der falschen Strömungen zeigt und beleuchtet sie den einzigen, den wahren. Auf diesem Wege ist etwas sichtbar, sind nächste Ziele, auf die die Wissenschaft hinweisen wird, in keinem Falle aber wird dieselbe diesen Weg weisen.

(Der Sinn des Lebens)

Wie kann es ein Ziel für das Leben der Welt und das der Menschen geben (wenn diese ihr Leben mit dem der Welt verschmelzen)? Der Begriff »Ziel« ist ein Begriff, der die Beschränktheit des menschlichen Verstandes zum Ausdruck bringt, ähnlich wie der Begriff von Lohn und Strafe; deswegen kann dieser Begriff nicht auf das Leben der Welt angewandt werden. Wenn es ein Ziel gibt, dann muss es einmal erreicht werden und damit ist das Ende da. Die Welt überhaupt kennt nur eins: Leben. Für die, die am Leben der Welt teilnehmen, kann es nur geben: eine Richtung, einen Weg.

(Briefe)

Die Erlösung besteht nicht in äußeren Formen und im Bekennen einer religiösen Lehre, sondern in der klaren Erkenntnis des eigenen Lebenszieles.

(Das Gesetz der Gewalt und das Gesetz der Liebe)

Das Ziel, das dem Menschen hingestellt ist, ist ewig unerreichbar. Und in der Annäherung liegt der Sinn des menschlichen Lebens.

(Der Sinn des Lebens)

Man hört und liest oft Diskussionen und Erörterungen darüber, was als Ziel des menschlichen Lebens angesehen werden muß: die innere moralische Vervollkommnung oder der Dienst an der Menschheit, die Begründung des Reiches Gottes. Dieser Streit kann nie entschieden werden, weil beide Parteien recht haben: das eine wie das andere Ziel ist dem Menschen und der Menschheit gestellt. Und das eine Ziel schließt nicht nur das andere nicht aus, sondern im Gegenteil, sie fallen beide zusammen und das eine Ziel bedingt das andere.

(Der Sinn des Lebens)

Die Welt bewegt sich, vervollkommnet sich; die Aufgabe des Menschen ist, an dieser Bewegung sich zu beteiligen, sich ihr zu fügen und förderlich zu sein.

(Der Sinn des Lebens)

Das wahre Leben des Menschen – das, aus dem er sich den Begriff über jedes andere Leben bildet – ist das Streben nach dem Wohle, das durch die Unterwerfung seiner Persönlichkeit unter das Gesetz der Vernunft erreicht wird.

(Das Leben)

Jeder Mensch befindet sich in seinem Leben in Bezug auf die verschiedenen Wahrheiten und auf die Wahrheit überhaupt in der Lage eines Wanderers, der in der Dunkelheit einer vor ihm her getragenen Laterne folgt: Er sieht nicht, was er schon zurückgelegt hat und was die Dunkelheit wieder verhüllt, er sieht auch nicht, was er noch nicht erreicht hat und was seine Laterne noch nicht beleuchtet, und er hat nicht die Macht, sein Verhältnis zu dem einen oder dem anderen Teil des Weges zu verändern. Aber er sieht das, was die Laterne beleuchtet – auf welcher Stelle des Weges er auch stehen mag – und immer liegt es in seiner Macht, diese oder die andere Richtung des Weges, auf dem er wandelt, zu wählen.

(Zur Frage von der Freiheit des Willens)

Das menschliche Leben schreitet fort nach einem bestimmten und unabänderlichen Gesetz und darum ist es überhaupt unfrei: Alle Menschen wandeln unabänderlich auf dem einzigen von diesem Gesetz vorgezeichneten Wege. Außer diesem Weg gibt es kein Leben, aber das Gesetz des menschlichen Lebens erscheint den Menschen als eine teilweise enthüllte Wahrheit, welche von ihnen anerkannt oder nicht anerkannt werden kann – und darum können die Menschen auf dem Wege des Lebensgesetzes in zweierlei Art handeln: Indem sie sich entweder bewußt und freiwillig dem Lebensgesetz unterordnen, oder indem sie sich unfreiwillig und unbewußt ihm unterwerfen. Die Freiheit des Menschen liegt in dieser Wahl.

(Zur Frage von der Freiheit des Willens)

Diejenigen, welche das Wesen des wahren Lebens vernachlässigen, das in der Anerkennung und dem Bekenntnis der Wahrheit besteht, und welche ihre Anstrengungen zur Verbesserung ihres Lebens auf äußere Handlungen richten, gleichen den Menschen auf einem Dampfboote, welche, um ans Ziel zu gelangen, den Dampfkessel auslöschen, so daß die Schaufelräder nicht weiter können und im Sturm, anstatt unter schon fertigem Dampf zu gehen, sich bemühen wollten, mit Rudern zu arbeiten, welche nicht bis zum Wasser reichen.

(Zur Frage von der Freiheit des Willens)

Entfernung, Zeit und Ursache sind Formen der Vorstellung und das Wesen des Lebens liegt außerhalb dieser Formen, unser ganzes Leben aber ist eine immer weiter gehende Unterwerfung unter diese Formen und dann wieder die Befreiung von ihnen.

(Meine ersten Erinnerungen)

Die Menschen können nur dann das den Menschen gemäße vernünftige und harmonische Leben führen, wenn sie durch die gleichen Anschauungen vom Sinne des Lebens verbunden sind, d. h. durch den Glauben an ein und dieselbe, die Mehrheit der Menschen in gleicher

Weise befriedigende Anschauung vom Sinne des Lebens, und die aus dieser Anschauung entspringende Lebensführung.

(Das Gesetz der Gewalt und das Gesetz der Liebe)

Das menschliche Leben bewegt sich in seiner Gesamtheit nur durch die unbegrenzte persönliche Vervollkommnung des einzelnen Menschen auf das ewige Ideal der Vervollkommnung zu.

(Das Gesetz der Gewalt und das Gesetz der Liebe)

Ich begriff, daß ein Mensch außer dem Leben zu seinem eigenen Wohl unvermeidlich verpflichtet sei, auch dem Wohl der anderen Menschen zu dienen; daß – wenn man der Tierwelt einen Vergleich entnehmen will, wie dies einige Leute gern tun, indem sie die Gewalt und den Kampf verteidigen durch den Kampf ums Dasein – man diesen Vergleich den gesellig lebenden Tieren, z. B. den Bienen entnehmen müsse, und daß daher der Mensch, ohne mehr von der in ihn gepflanzten Liebe zum Nächsten zu reden, sowohl durch den Verstand als auch durch seine Natur selbst berufen sei, anderen Menschen und dem allgemeinen menschlichen Ziel zu dienen. Ich begriff, daß dies ein Naturgesetz des Menschen sei, bei welchem allein er seine Bestimmung erfüllen und dadurch glücklich sein könne. Ich begriff, daß dieses Gesetz dadurch verletzt wurde und verletzt wird, daß die Menschen sich von der Arbeit befreien und sich die Arbeit anderer zu Nutzen machen, indem sie diese Arbeit nicht dem gemeinsamen Ziele, sondern der persönlichen Befriedigung wachsender Begierden zu lenken und

ebenso wie die Räuberinnen unter den Bienen dadurch
zugrunde gehen.

(Unsere Armen und Elenden)

Unsere Außenwelt ist die Veranlassung, der Vorwand,
wie das Sandkorn, das in der Muschel durch Reiz die
Aussonderung der Perle veranlaßt.

(Tagebücher)

Das Leben ist das Streben nach dem Guten.

(Tagebücher)

Dieses unser Leben mit seinen bekannten Grenzen ist eine Station. Wie sollten wir diese Station anders zu passie-
ren trachten, als voller Mut, Freudigkeit, Freundschaft-
lichkeit, in gemeinschaftlicher Tätigkeit, ohne Gram darüber, daß man selbst oder die anderen dahin gehen, wo
wir alle uns einmal noch vereinter finden werden.

(Tagebücher)

Warum ist das Reisen so angenehm? Darum, weil es das
Sinnbild des Lebens ist. Leben ist Fahrt.

(Tagebücher)

Die Welt ist sicher nicht so, wie wir sie wahrnehmen; sobald wir andere Werkzeuge der Erkenntnis haben, ist
auch die Welt anders.

(Tagebücher)

Die Zeit existiert nur für den Körper: sie ist das Verhältnis der Wesen mit den verschiedenen uns sichtbaren Grenzen zu den Wesen, deren Grenzen wir nicht sehen, so zu der Bewegung der Sonne, des Mondes, der Erde, oder zu der Bewegung des Sandes in der Sanduhr. Und so gibt es Zeit nur für dasjenige, was wir Körper nennen, was Grenzen hat, für das Unbegrenzte aber, das Geistige, gibt es keine Zeit. Deshalb erinnert man sich nur an die Zeitabschnitte, da man geistig gelebt hat.

(Tagebücher)

Alle Abwechslung, aller Reiz, alle Schönheit des Lebens besteht aus Licht und Schatten.

(Anna Karenina)

Eine vollkommene Befreiung und daher vollkommene Freiheit gibt es nicht; der Mensch nähert sich der Freiheit aber nach dem Maße der Vereinigung seines Wesens mit dem unendlichen freien Prinzip der Liebe und der Vernunft.

(Tagebücher)

Ohne das Bewußtsein gäbe es keine Freiheit, und ohne Freiheit kann es kein Bewußtsein geben. (…) Das Gedächtnis ist nichts anderes als das Bewußtsein des *Gewesenen* oder der vergangenen Freiheit.

(Tagebücher)

Die Zeit ist die Möglichkeit der Freiheit, der freien Tätigkeit. Wenn die Zeit nicht wäre, und alles, was sein wird, schon jetzt wäre, so könnte ich nicht wirken. Alles, was sein wird, ist schon; daran ist nicht zu zweifeln; aber ich wirke, und daher gilt eines von zweien: entweder sind alle meine Handlungen, meine Freiheit, Illusion (Determinismus, Fatalismus), oder aber meine Handlungen haben einen Sinn in Absicht auf mich und sind in gewissen Grenzen frei.

(Tagebücher)

Die Hauptaufgabe der Philosophie aller Zeiten besteht namentlich darin, jenes unumgänglich nötige Band zu finden, welches zwischen dem Persönlichen und dem allgemeinen Interesse existiert.

(Anna Karenina)

Alle Wesen sind von einander gesondert, jedes ist etwas für sich, und daher ist es sinnlos. Sinn gibt ihnen nur die Vereinigung mit allen anderen durch Liebe und Vernunft.

(Tagebücher)

Ein einzelner Sinn zeigt uns die Grenzen des Ichs, die Vereinigung aller Sinne zeigt uns das Lebende, das uns Ähnliche.

(Tagebücher)

Nichts Geistiges wird auf geistigem Wege erworben: weder Religiosität, noch Liebe, nichts. Alles Geistige wird durch das materielle Leben geschaffen in Raum und Zeit. Das Geistige wird durch die Tat geschaffen.

(Tagebücher)

Das Leben kann ich nur als Bewegung verstehen – in der Zeit, die Grenzen des Lebens kann ich nur verstehen als Materie – im Raume.

(Tagebücher)

Das irdische Leben ist keine Illusion und auch nicht das ganze Leben, – es ist eine Erscheinung unter Erscheinungen, den ewigen Erscheinungen des ewigen Lebens.

(Tagebücher)

Ich ging den Weg entlang und dachte – den Wald, die Erde, das Gras betrachtend – welch lächerliche Verirrung es ist, zu glauben, die Welt sei so, wie sie uns erscheint. So denken heißt, daß ich mir kein anderes erkennendes Geschöpf vorstellen kann als mein Ich mit seinen sechs Sinnen.

(Tagebücher)

Wir sagen, nur der Mensch sei frei, die Tiere aber seien dem Gebot der Notwendigkeit unterworfen. Das ist nicht richtig. Wir glauben das nur, weil wir nur die letzten allgemeinen Resultate des Tierlebens sehen, während uns der Kampf, den vielleicht alle durchmachen, entgeht und weil wir die Ausnahmen nicht kennen. Wenn es Wesen gäbe, die sich zum Menschen verhielten,

wie sich die Menschen zum Tiere verhalten, so würde es
solchen Wesen scheinen, daß die Menschen den Natur-
gesetzen streng unterworfen seien, daß die Freiheit des
Wählens ihnen nicht gegeben sei, und diese Wesen würden nicht achtgeben auf die seltenen Ausnahmen unter
den Menschen, wie wir nicht achtgeben auf die seltenen
Ausnahmen unter den Tieren.

(Tagebücher)

Wer meine Weltanschauung verstehen will, muß sich
auf den Standpunkt des Kartesius stellen, wonach nur
Eines unzweifelhaft gewiß ist, nämlich: daß der Mensch
ein denkendes, geistiges Wesen ist; er muß ferner klar
begriffen haben, daß die allerstrengste wissenschaftliche
Erklärung dessen, was die Welt sei, die ist: die Welt ist
meine Vorstellung (Kant, Schopenhauer, Spir). Aber was
ist denn nun dieses geistige Wesen, das ich mein Ich
nenne, und was ist die Ursache meiner Vorstellung von
der Existenz einer Welt? Auf diese Fragen antworte ich,
das Leben definierend, so: Das Leben ist das Bewußtsein
eines geistigen, von allen übrigen Wesen gesonderten
Wesens, welches sich in Gemeinschaft mit dem allumfassenden Ganzen der Welt befindet. Die Grenzen, die
dieses Wesen vom Ganzen trennen, stellen sich mir als
mein Körper (Materie) und die Körper anderer Wesen
dar, welche das Ganze dieser Welt bilden. Der Verkehr,
der zwischen diesem gesonderten geistigen Wesen und
dem Ganzen besteht, geht für meine Vorstellung in der
Zeit vor sich. Die Grenzen meines geistigen Wesens, die
sich im Raume darstellen, kann ich nicht anders erfassen denn als meinen Körper und die Körper anderer

Wesen. Die Verbundenheit dieses Wesens mit den anderen Wesen aber kann ich nicht anders erfassen denn als Bewegung meines Wesens und der anderer Wesen.

Wenn es diese Gesondertheit meines geistigen Wesens vom Ganzen nicht gäbe, existierte auch mein Körper und existierten die anderen Körper nicht. Und ebenso: wenn es diese Verbundenheit meines gesonderten Wesens mit dem Ganzen nicht gäbe, so gäbe es auch keine Bewegung, weder die meines eigenen Wesens, noch die anderer Wesen. So daß also das Leben das Bewußtsein der Gesondertheit meines von Grenzen umschränkten geistigen Wesens von irgend einem anderen unbegrenzten geistigen Wesen ist, welches das Ganze und den Urgrund alles Seienden bildet.

(Tagebücher)

(…) in Wirklichkeit – denke nur einmal nach – ist diese unsere ganze Welt doch nur ein kleiner Schimmel, der auf einem winzigen Planeten gewachsen ist. Wir aber meinen immer, es könne bei uns etwas Erhabenes existieren, im Geiste oder in der Tat, während alles nur eitel Staub ist!

(Anna Karenina)

Nur das Eine bleibt: die unbestimmte Hoffnung, dass irgendwo in der Natur, in die man als winziger Teil wieder eingeht, etwas übrigbleibt und sich wiederfindet.

(Briefe)

Je mehr die Fürstin Marie vom Leben sah, desto mehr war sie verwundert über die Kurzsichtigkeit der Menschen, welche hier auf Erden das Glück und Genüsse suchten, sich abmühten, kämpften und einander Böses zufügten, um dieses unmögliche, nebelhafte und lasterhafte Glück zu erreichen.

(Krieg und Frieden)

Das Leben ist unzerstörbar – es liegt außerhalb von Raum und Zeit, und darum kann der Tod nur die Form des Lebens ändern, vermag es aber in dieser Welt nicht, überhaupt etwas zu vernichten.

(Briefe)

Ich möchte nur bemerken, daß man dasjenige, was im Menschen lebt und die Grundlage seines Lebens bildet, nicht als Wahrheit bezeichnen kann. Diese Grundlage des Lebens ist dasjenige, was die einen Begriffsvermögen, die anderen Gott nennen. Wahrheit dagegen ist nur das sichere, ungetrübte Bewusstsein dieses geistigen Prinzips.

(Briefe)

Der Kern der Sache liegt nicht in den äußeren Lebensbedingungen, sondern in dem geistigen Verhältnis zu diesen.

(Briefe)

Sobald man annimmt, das Leben der Menschheit könne durch Vernunft gelenkt und geleitet werden, macht man das Leben als solches unmöglich.

(Krieg und Frieden)

Zwischen dem Neugeborenen und dem Fünfjährigen liegt eine weite Entfernung, zwischen dem Embryo und dem Neugeborenen – ein Abgrund. Zwischen dem Nichtsein und dem Embryo aber liegt nicht nur ein Abgrund, sondern – das Unbegreifliche.

(Meine ersten Erinnerungen)

Er erkannte, daß es auf der Welt nichts Schlechtes gebe, er erkannte, daß, ebenso wie es keine Lage auf der Welt gibt, in welcher der Mensch vollkommen glücklich und frei ist, es auch keine Lage gäbe, in der er gänzlich unglücklich und unfrei wäre, er erkannte, daß es eine Grenze der Leiden und eine Grenze der Freiheit gebe, und daß diese Grenzen einander sehr nahe seien.

(Krieg und Frieden)

Es gibt keine Zukunft: wir schaffen sie erst.

(Tagebücher)

Der Begriff des Körpers kommt nur deshalb auf, weil im Bewußtsein die Erkenntnis aufsteigt, daß ich der Ursprung aller Dinge (das Geistige) bin. Und zu gleicher Zeit, da ich erkenne, daß ich der Ursprung aller Dinge bin, erkenne ich auch, daß ich nicht der ganze Ursprung bin, sondern nur ein Teil davon. Und eben diese Geteiltheit, die Grenzen, die mich vom Ganzen trennen, erkenne ich als Körper: sowohl meinen eigenen Körper, wie als die mich umgebenden Körper.

(Tagebücher)

Mein Körper ist nichts anderes als jener Teil des Alls, den ich beherrschen kann.

(Tagebücher)

Die ganze Welt ist meine Empfindung. Aber was bin ich? Das, was wirkt.

(Tagebücher)

Jeder von uns – ist eine Kraft, die sich selbst bewußt ist, der ihr allgemeines Ziel bewußt ist, und die deshalb freudig zu diesem Ziele strebt – ist ein Stein im Fluge, der es weiß, wohin er fliegt, und weiß, daß er selbst nichts, ein Stein ist, und daß seine ganze Bedeutung in diesem Fluge liegt.

(Der Sinn des Lebens)

Das Bewußtsein der Persönlichkeit ist für den Menschen nicht das Leben, sondern die Grenze, an der sein Leben beginnt, das in einem immer größeren und größeren Erringen des eigenen Wohles besteht, das von dem Wohle der tierischen Persönlichkeit unabhängig ist.

(Das Leben)

Für jeden Menschen gibt es stets Wahrheiten, die ihm unsichtbar sind, die seinem geistigen Auge noch nicht enthüllt sind, und andere Wahrheiten, die er schon durchlebt, vergessen und sich zu eigen gemacht hat, und es gibt bestimmte Wahrheiten, die bei dem Lichte seiner Vernunft vor ihm aufgetaucht sind und seine Anerkennung heischen. Und hier in der Anerkennung oder Nichtanerkennung eben dieser Wahrheiten tritt das in die Erscheinung, was wir als unsere Freiheit empfinden.

(Das Reich Gottes)

Kämpfen – das ist das Leben selbst, der Kampf allein ist das Leben. Ein Ausruhen gibt es nicht. Das Ideal schwebt immer voraus, und niemals bin ich ruhig, nicht nur nicht solange ich es noch nicht erreicht habe, sondern solange ich mich nicht zu demselben hinbewege.

(Über die sexuelle Frage)

Das Studium des menschlichen Lebens ist die immerwährende Aufgabe jeder geistigen Tätigkeit.

(Was sollen wir denn tun?)

Das ganze Leben der Menschen ist Arbeit: die Arbeit für den Besitzer (Fabrikarbeiter und andere), die Arbeit des Pflügens und Säens, der Ernte und wiederum des Säens, der Verbesserung des Bodens, der Gattungen, der Gebäude, die geistigen Empfindungen – dies alles ist uns nicht für uns selbst gegeben, damit wir Nutzen daraus ziehen, sondern bei allem liegt das Heil in der Arbeit an und für sich. So ist das ganze Leben.

(Der Sinn des Lebens)

Der Mensch lebt nicht darum, daß man für ihn arbeite, sondern, daß er arbeite für andere.

(Mein Glaube)

Das Leben vollzieht sich nicht nach dem Gewissen, das Gewissen paßt sich dem Leben an.

(Warum die Menschen sich betäuben)

Ich stellte es mir so vor: das Gesetz des organischen Lebens ist der Kampf, das Gesetz des vernünftigen, bewußten Lebens ist die Einigkeit, die Liebe. Aus dem organischen Leben, dem Leben des Kampfes wird das vernünftige Leben erzeugt und ist mit ihm verknüpft. Das Ziel ist klar: man muß den Kampf beseitigen und Einigkeit stiften, wo Streit war. Zuerst unter den Menschen, darauf zwischen Menschen und Tieren, sodann zwischen den Tieren und Pflanzen.

(Der Sinn des Lebens)

Nur ein Mensch mit einer falschen Vorstellung vom Leben meint, daß er die Gegenstände um so besser kennt, je genauer sie durch Raum und Zeit bestimmt werden; in Wirklichkeit aber kennen wir vollkommen nur das, was weder durch Raum noch durch Zeit bestimmt wird, – das Wohl und das Gesetz der Vernunft. Die Gegenstände außer uns aber kennen wir um so weniger, je weniger unser Bewußtsein an dieser Erkenntnis beteiligt ist, infolgedessen der Gegenstand nur durch seine Stellung in Raum und Zeit bestimmt wird. Je ausschließlicher ein Gegenstand durch Raum und Zeit bestimmt wird, um so weniger erkennbar (begreifbar) ist er für den Menschen.

(Das Leben)

Es gibt nichts Gefährlicheres für die Menschen als den Gedanken, daß die Ursachen ihrer beklagenswerten Lage nicht in ihnen selbst ruhen, sondern in äußeren Umständen.

(An die Arbeiter)

Das Leben für sich selbst ist eine Qual, denn man will für die Illusion leben, für das, was nicht da ist, und dies kann nicht glücklich sein. Es ist gleich, als ob man einen Schatten kleiden und nähren würde.

(Der Sinn des Lebens)

Die Tätigkeit des Menschen, die nur auf die Erreichung des Wohles der Persönlichkeit gerichtet ist, ist eine vollständige Verleugnung des menschlichen Lebens.

(Das Leben)

Das menschliche, materielle Leben, das jeden Augenblick abgerissen werden kann, muß, um nicht der gröbste Hohn zu sein, einen solchen Sinn haben, dem die Bedeutung des Lebens nicht durch die längere oder kürzere Dauer angetastet wird.

(Der Sinn des Lebens)

Wenn der Mensch bestimmt wüßte, daß sein Leben mit diesem Leben aufhöre, was würde er am Schlusse desselben, wie ich, tun? Alle irdischen Werke sind schon in andere, jüngere Hände übergegangen, was soll er aber denn tun?

Nur wenn man glaubt, daß das Leben hier nicht aufhört, bleibt einem immer die wichtigste und immer interessante und notwendige Arbeit an seiner Seele, die nicht verloren gehen wird, sondern sich als notwendig dort erweisen wird.

(Der Sinn des Lebens)

Der Mensch stirbt bloß, weil in dieser Welt das Wohl seines wahren Lebens sich nicht vergrößern kann, nicht aber, weil seine Lungen krank sind oder weil er den Krebs hat oder weil man auf ihn geschossen oder eine Bombe geworfen hat.

(Das Leben)

Das Übel in der Gestalt des Todes und der Leiden ist dem Menschen nur sichtbar, wenn er das Gesetz seiner leiblichen, tierischen Existenz für das Gesetz seines Lebens ansieht. Nur wenn er, obwohl ein Mensch, auf die Stufe des Tieres hinabsteigt – nur dann sieht er den Tod und die Leiden.

(Das Leben)

Der Tod ist ein Übergang aus einem Bewußtsein in ein anderes, von einer Vorstellung, die wir von der Welt haben, zu einer anderen Vorstellung. Es ist, wie beim Dekorationswechsel auf dem Theater. Im Moment des Übergangs sieht man, daß das, was wir für Wirklichkeit gehalten haben, nur Vorstellung war. Während dieses Übergangs sieht oder fühlt man wenigstens das Reale. Das macht die Minute des Sterbens bedeutsam und kostbar.

(Tagebücher)

185

Man soll nicht an den Tod denken, wohl aber sein Leben im Hinblick auf ihn einrichten. Dann wird das ganze Leben bedeutsam, heiter und wahrhaft fruchtbar.

(Briefe)

(...) ich habe es heute ganz besonders lebhaft gefühlt, daß unser ganzes Leben, (...), jegliches Leben, nichts anderes ist, als ein langsames Sterben. Und das Sterben ist wiederum nichts anderes als das, was wir Leben nennen, d. h. eine allmähliche Loslösung des Geistes vom Körper.

(Briefe)

Wenn mein ganzes Leben darin besteht, daß ich mit dem Lichte, das in mir ist, leuchten soll, das heißt, wenn mein Leben aus dem Lichte besteht, so ist mein Tod mir nicht nur nicht etwas Schreckliches, sondern etwas Freudiges, denn jeder von uns verdunkelt jenes Licht, das er trägt, durch seine Persönlichkeit. Und der physische Tod ist oft dem Lichte, in dem das Leben konzentriert ist, förderlich.

(Der Sinn des Lebens)

Ja, der Tod ist ein Erwachen!

(Krieg und Frieden)

Die Illusion, daß unser Leben nach unserem Tode endet, rührt daher, daß wir die Form des Lebens für das Leben selbst halten: es ist, wie wenn einer annähme, daß nicht das Wasser im Teich, sondern die Form des Teiches das Bleibende sei und daß, wenn das Wasser aus dem Teich verschwände, nun alles das vernichtet sei, was Teich war.

(Tagebücher)

Ein Mensch, der vor dem Tode Angst hat, ist einem Reisenden ähnlich, der über den Ozean gefahren ist und der nun vor der Rückreise Angst hat. Wohl wird das Schiff schlingern, ohne Seekrankheit und Sturm wird es nicht abgehen; aber das Zurückkehren nach Hause ist unvermeidlich.

(Tagebücher)

»Jeder kommt auf seinem Weg
zur Wahrheit«

Die Hauptsache ist, daß du stets dessen eingedenk seist, wer du bist.

(Tagebücher)

Die einzige Rettung aus aller Verzweiflung des Lebens ist das Hinaustragen seines Ichs in die Welt.

(Tagebücher)

Ich weiß nur, daß jemand, der seelisches Glück sucht, es auch findet: es liegt stets in unserer Macht. Das Suchen ist schon ein Finden.

(Briefe)

Das Gefühl sollte zum Meister des Lebens werden, nicht umgekehrt das Leben dem Gefühle Zwang antun.

(Familienglück)

Die Behauptung, der Mensch dürfe sich nicht von seinem Verstand leiten lassen, ist ebenso unsinnig, als wollte man einem Menschen in einer unterirdischen Höhle, der eine Lampe trägt, raten, um aus der Höhle den Ausweg zu finden, müsse er die Lampe auslöschen und sich nicht vom Licht, sondern von etwas anderem leiten lassen.

(Zwei Briefe über Gewissensfragen)

Um aber das Gesetz unseres Lebens kennen zu lernen (...) sind keinerlei besondere Geistesgaben erforderlich – es genügt, nichts zuzugeben, was dem Verstand widerspricht, den Verstand nicht zu verleugnen, denselben sorgfältig zu hüten und nur ihm zu glauben.

(Zwei Briefe über Gewissensfragen)

Jeder kommt auf seinem Weg zur Wahrheit, eins aber muß ich sagen: das, was ich schreibe sind nicht nur Worte, sondern ich lebe danach, darin ist mein Glück und damit werde ich sterben.

(Über den Sinn des Lebens)

Es scheint, daß es so leicht ist, die Wahrheit zu sagen, wie viel innerer Arbeit bedarf es aber, um das zu erreichen.

Der Grad der Wahrhaftigkeit eines Menschen zeigt den Grad seiner moralischen Vollkommenheit an.

(Das Gesetz der Gewalt und das Gesetz der Liebe)

Der Zugang zur Wahrheit ist den Menschen immer offen. Es kann auch nicht anders sein, weil die Seele des Menschen ein göttlicher Funken und die Wahrheit selbst ist. Die Aufgabe besteht nur darin, diesen Gottesfunken (die Wahrheit) von alldem zu befreien, was ihn verdunkelt. Nicht in der Vermehrung der Wahrheit besteht also der Fortschritt, sondern in der Befreiung der Wahrheit von den sie verdeckenden Hüllen. Die Wahrheit wird wie das Gold nicht durch Vermehrung, sondern durch Auswaschung dessen gewonnen, was nicht Gold ist.

(Tagebücher)

Was wahr ist, muss wahr bleiben. Wahrheit über alles.

(Briefe)

Ich will sagen, dass Verstand und Willen nicht genügen, um die Wahrheit zu erkennen. Dazu braucht man Energie, Konsequenz, hartnäckiges Nachdenken; um die Wahrheit zu erkennen, muss man das Gestrüpp, die Wände der Lüge durchdringen. Um sie aber zu durchdringen, muss man kühn auf sie losgehen, in sie hineindringen.

(Briefe)

Eines, eines nur, in dem du frei bist und allvermögend, ist dir im Leben gegeben, alles übrige liegt außer deiner Macht. Dies eine besteht darin, daß du die Wahrheit erkennst und sie bekennst.

(Das Reich Gottes)

Ein Gedanke wird zur Überzeugung nur auf einem bestimmten Wege, der oft ganz unerwartet ist und sich von den Wegen unterscheidet, welche ein anderer Geist durchläuft, um dieselbe Überzeugung zu erlangen.

(Knabenalter)

Die ganze Vorwärtsbewegung des Menschen besteht darin, daß man sich von einer niederen Lebensauffassung zu einer höheren erhebt.

(Über den Sinn des Lebens)

Das Leben kann nur dann besser werden, wenn das Bewußtsein der Menschen sich zum Besseren verändert, und darum müssen alle Anstrengungen der Menschen, die das Leben verbessern wollen, auf die Veränderung ihres eigenen und des Bewußtseins anderer Leute gerichtet sein.

(Das Gesetz der Gewalt und das Gesetz der Liebe)

Glück heißt die Befriedigung der Bedürfnisse des Menschen, als des Wesens, das von der Geburt bis zum Tode lediglich in dieser Welt lebt; das Gute heißt aber: die Befriedigung der Bedürfnisse des ewigen Wesentlichen, das im Menschen lebt.

(Tagebücher)

Es mutet mich seltsam an, dass ich dachte (…), man könne sich seine glückliche und ehrbare eigene kleine Welt erschaffen. (…) Das ist lächerlich, man kann es nicht (…), denn um ehrlich zu leben, muss man sich zerreißen, muss irren, anecken, fehlen, etwas beginnen und wieder hinwerfen und von neuem beginnen und von neuem hinwerfen, ewig kämpfen und darben. Tatenlosigkeit ist seelische Gemeinheit.

(Briefe)

Jeder sollte versuchen, nicht zu heiraten, wenn man aber nun schon einmal verheiratet ist, so soll man in der Ehe leben wie Bruder und Schwester. (…) Sie entgegnen, dies bedeute das Ende für das Menschengeschlecht? Welch großes Unglück! Die Dinosaurier sind von der Erde verschwunden, die menschlichen Lebewesen werden ebenso verschwinden. (…) Ich empfinde für diese zweibeinigen Lebewesen ebenso wenig Mitleid wie für die Ichtiosaurier.

(Briefe)

Das Beste in der Welt entsteht immer unwillkürlich; je mehr man sich bemüht, um so weniger pflegt es zu gelingen.

(Zwei Husaren)

Wir alle – und namentlich die Frauen – müssen die Torheiten, die sich uns als ›das Leben‹ darstellen, selbst durchkosten, ehe wir uns wieder zum eigentlichen Leben zurückfinden. Mit dem Glauben an das, was andere erfahren haben, ist es da nicht getan.

(Familienglück)

Um den Funken in anderen zu entfachen, muß man ihn zuerst in sich selbst entfachen.

(Tagebücher)

Die Vernunft ist uns nicht dazu gegeben, um zu erkennen, was man zu lieben habe: das vermag die Vernunft nicht, aber sie kann uns zeigen, was man nicht lieben soll.

(Tagebücher)

Man kann den Verstand nicht zwingen, Dinge zu analysieren und zu erklären, die das Herz ablehnt.

(Tagebücher)

Merke dir also, daß der richtige Zeitpunkt stets nur der eine ist: der *Augenblick*; und zwar ist er darum der richtigste und wichtigste, weil wir nur in diesem einen Zeitpunkt Herren unserer selbst sind.

(Drei Fragen)

195

Die Lüge vor den Menschen ist lange nicht so weitreichend und schlimm, wie die Lüge vor sich selbst. Die Lüge vor den Menschen ist oft nur ein harmloses Spiel, eine Eitelkeitssache; die Lüge vor sich selbst ist stets eine Fälschung der Wahrheit, eine Abweichung von den Geboten des Lebens.

(Tagebücher)

Ich muss lernen, mich mit der Dummheit abzufinden.

(Tagebücher)

Mein Ich ist wie eine selbsttätige Säge oder ein lebender Spaten, leben heißt: das Werkzeug sauber und scharf erhalten. Dann wird das Werkzeug arbeiten und die Arbeit wird von Nutzen sein. Scharf sein und immer schärfer werden, das heißt: immer besser und vollkommener werden.

(Tagebücher)

Sobald du einem Menschen gegenüber ein unangenehmes Gefühl hegst, so heißt das, du weißt etwas nicht. Dann mußt du wissen lernen, die Motive der Handlung erfahren, die dir unangenehm ist. Hast du diese erkannt, so wirst du dem Menschen ebenso wenig zürnen wie dem fallenden Stein.

(Tagebücher)

Ich dachte an den Tod – daran, wie seltsam es ist, daß man nicht sterben will, obwohl einen nichts zurückhält. Da fielen mir die Sträflinge ein, die sich so an ihr Gefängnis gewöhnen, daß sie es nicht verlassen wollen, ja die die Freiheit sogar fürchten. So haben auch wir uns an unser Lebensgefängnis gewöhnt und fürchten uns vor der Freiheit.

(Tagebücher)

Jeder ist in einer Tretmühle. Die Frage ist nur, welche Tretmühle man sich wählt.

(Tagebücher)

Körperliche Arbeit ist dadurch wichtig, daß sie den Verstand hindert, sinn- und ziellos zu arbeiten.

(Tagebücher)

Körperliche Bewegung muss ich haben, oder mein Geist wird zweifellos zu Grunde gehen.

(Anna Karenina)

Gedanken sind alles. Der Gedanke ist der Anfang von allem. Und Gedanken kann man regieren. Und so ist zur Vervollkommnung die Hauptsache: die Arbeit an den Gedanken.

(Tagebücher)

Eine schlechte Handlung kann man unwiederholt lassen und kann sie bereuen, schlechte Gedanken aber erzeugen schlechte Handlungen.

(Auferstehung)

Am wertvollsten im Leben sind die guten Beziehungen unter Menschen, diese Beziehungen erreicht man aber nicht durch Gespräche – im Gegenteil, durch Gespräche werden sie verdorben. Man rede möglichst wenig, besonders mit den Menschen, mit denen man in guten Beziehungen sein will.

(Tagebücher)

Das Gewissen ist das Gedächtnis der Gesellschaft, angeeignet von einzelnen Personen.

(Tagebücher)

Wenn du dich unglücklich fühlst, gedenke des Unglücks der andern und des noch Schlimmeren, was sein könnte.

(Tagebücher)

Im Unglück ist immer eine geistige Vergeltung und ein ungeheurer Nutzen.

(Tagebücher)

Sobald du an die Zukunft zu denken anfängst, gibst du dich Ahnungen hin wie beim Kartenlegen. Geht das »Patience« auf, so wird dies und jenes eintreten. Das ist doch Wahnsinn! Und so muß es kommen, denn an die Zukunft denken, ist des Wahnsinns Anfang.

(Tagebücher)

Sich der Gegenwart überlassen und das Vergangene verachten, heißt Bäume ohne Wurzeln pflanzen.

(Tagebücher)

Schätzung und Anerkennung der Nützlichkeit oder Annehmlichkeit des Tuns eines Menschen für die Mitwelt
ist noch lange kein Kriterium für die Wahrhaftigkeit seines Tugendstrebens.

(Die erste Sprosse)

Ein guter Mensch sein und einen sittlich reinen Lebenswandel führen, das ist: anderen mehr geben, als man
von ihnen nimmt.

(Die erste Sprosse)

Jedes Streben nach sittlicher Veredlung muss mit der
Enthaltsamkeit beginnen.

(Die erste Sprosse)

Wie aber jenes Licht der Menschheit leuchtet, zeigt sich
in der immer häufiger auftretenden Erscheinung, daß
junge, unverdorbene Menschen, besonders Frauen und
Mädchen, ohne klar zu fassen, wie eins aus dem andern
hervorgeht, im Herzensgrund spüren, daß wahre Tu-
gend mit Beefsteaks unvereinbar ist und darum, sobald
sie ernstlich nach einem guten Lebenswandel streben,
der Fleischnahrung entsagen.

(Die erste Sprosse)

Wenn der Mensch ernsthaft und aufrichtig zum Guten
strebt, wird immer das erste, wovon er zu lassen hat, der
Gebrauch animalischer Nahrung sein; denn abgesehen
von der durch solche Nahrung bewirkten Aufreizung
der Lüste und Leidenschaften ist der Fleischgenuß auch
unsittlich, indem er eine dem moralischen Gefühl wi-

derstrebende Handlung – das Töten erfordert und nichts anderes bezweckt, als eine Gier nach leckerer Speise zu befriedigen.

(Die erste Sprosse)

Das persönliche und Subjektive ist nur dann gut, wenn es von Leben und Leidenschaft erfüllt ist.

(Briefe)

Jedesmal, wenn die Frage auftaucht, was man vorziehen soll: persönliche Vorteile oder das Verhältnis zu anderen Menschen? – muss man das letztere wählen.

(Briefe)

Ich muss aber stets wiederholen, dass unser aller Glück oder Unglück nicht um Haaresbreite davon abhängt, ob wir Geld ausgeben oder einnehmen, sondern nur davon, was wir selbst sind.

(Briefe)

Alle Missverständnisse rühren daher, dass die Menschen etwas Gutes vollbringen, etwas erkennen, die Wahrheit begreifen wollen. – Das ist nicht nötig. Vernunft und Erfahrung haben es mir gezeigt. Ich muss leben, allen Forderungen, die sich in mir geltend machen – möglichst genügen. Man braucht sich nicht zu bemühen, etwas besonders Gutes zu tun, sondern man muss nur trachten, das Schlechte zu meiden, nicht: die Wahrheit zu begreifen, sondern nur: nicht zu lügen …

(Briefe)

Man muss kühn auf dem unbekannten Wege vorwärts schreiten, der sich vor einem öffnet; man lernt ihn aber nur kennen, wenn man ihn beschreitet.

(Briefe)

Es ist ein großes Glück, wenn man an seine Arbeit glaubt.

(Briefe)

Man tut gut daran, sich bei jeder Entscheidung von ängstlicher Rücksicht auf die Meinung der Leute freizumachen.

(Briefe)

Man muss sich nicht absondern und dann zusammentun, sondern nach stärkeren Mitteln suchen, die zur Vereinigung mit der ganzen Welt, mit allen Menschen führen. Man muss nach einer Gemeinschaft trachten, bei der man keine Kompromisse zu machen braucht, bei der man liebt und geliebt wird.

(Briefe)

In ein Gefäß, das von Überflüssigem voll ist, kann man nichts Notwendiges hineintun. Man muss das Überflüssige zunächst ausgießen.

(Briefe)

Wie schwer wäre das Leben, wenn man die Bedeutung der Handlungen nach ihren sichtbaren Folgen bemessen wollte.

(Briefe)

Wir haben nur die Pflicht, das Feuer in uns anzuzünden; dann wird unsere Umgebung von selbst warm.

(Briefe)

Jeder Mensch (…) weiß, wenn er nur ehrlich ist, in seinem Innern sehr wohl, daß er die Ideale, die er für die wahren hält und nach denen er strebt, nicht im Entferntesten erfüllt hat, und sie nie erfüllen wird …

(Briefe)

Wenn man Vollkommenheit suchen will, so wird man nie zufrieden werden.

(Anna Karenina)

Peter hatte recht, als er sagte, man müsse an die Möglichkeit des Glückes glauben, um glücklich zu sein, und jetzt glaube ich daran. Lasset die Toten ihre Toten begraben; solange man lebt, muß man leben und glücklich sein.

(Krieg und Frieden)

Die Befreiung von allen Leiden, die Befriedigung der Bedürfnisse, gute Nahrung und Reinlichkeit und demzufolge auch die Freiheit, sich eine Beschäftigung, eine Lebensweise selbst zu wählen, erschienen Peter als das höchste Glück des Menschen, besonders jetzt, wo er das alles entbehrte. Er vergaß, daß der Überfluß der Annehmlichkeiten des Lebens alles Glück, das die Befriedigung der Bedürfnisse gewährt, vernichtet, und daß ebenso die Freiheit, sich seine Beschäftigung selbst zu wählen – dieselbe Freiheit, die ihm die Bildung, der Reichtum, die

Stellung in der Welt verliehen –, das Bedürfnis selbst und die Möglichkeit einer Beschäftigung vernichten.

(Krieg und Frieden)

Der reine und vollkommene Kummer ist ebenso unmöglich wie reine und vollkommene Freude.

(Krieg und Frieden)

Wir glauben, es sei alles verloren, wenn wir aus dem gewohnten Gleise geworfen werden, aber da erst beginnt etwas Neues, Gutes! Solange das Leben dauert, gibt es auch Glück! Vieles, vieles liegt vor uns!

(Krieg und Frieden)

Wir ärgern uns über die Umstände, sind betrübt, wollen sie ändern, aber alle möglichen Umstände sind nichts anderes als Winke, wie man in gewissen Lagen handeln soll. Bist du in Not, so arbeite, bist du im Gefängnis, so denke, bist du reich, so befreie dich usw.

Es ist, wie wenn ein Pferd sich über den Weg ärgerte, auf den der Reiter es hinlenkt.

(Tagebücher)

Was für eine Sache du auch tun mögest, sei bereit, sie jederzeit zu lassen; richte es so ein, daß du dich jederzeit losmachen kannst.

(Tagebücher)

Von morgen ab ein neues Leben. Adieu dem alten, und auf immer.

(Auferstehung)

203

Das einzige Merkmal dafür, daß eine Handlung gut ist, besteht darin, daß die Menschen sie aus Freiheit tun.

(Was sollen wir denn tun?)

Leben kann man nur, solange man vom Leben berauscht ist; sobald man ernüchtert ist, muß man sehen, daß all dies nur Täuschung ist und eine dumme Täuschung.

(Meine Beichte)

Man muß sein, wie Laotse sagt, gleich dem Wasser. Wenn es keine Hindernisse gibt, fließt es; findet sich ein Damm, so stockt das Wasser; ist der Damm durchbrochen, fließt es von neuem; in einem viereckigen Gefäße ist es viereckig; in einem runden ist es rund. Deshalb ist das Wasser am allernotwendigsten und allerstärksten.

(Der Sinn des Lebens)

Wenn in dir die Kraft zur Tätigkeit vorhanden ist, möge die Tätigkeit eine liebevolle sein; wenn keine Kraft vorhanden ist und du schwach bist, möge deine Schwäche eine liebevolle sein.

(Der Sinn des Lebens)

Dann nur fängt das wirkliche Leben an, wenn man nicht weiß, was sein wird.

(Der Sinn des Lebens)

Nachwort

»… ein einsamer Wanderer durch die Wüsten des Denkens
auf der Suche nach einer allumfassenden Wahrheit …«
Maxim Gorki

»Alle Widersprüche, deren ein Mensch fähig ist,
sind in dieses Leben eingegangen.«
Elias Canetti

Über den großen russischen Schriftsteller Lew Tolstoi ist
viel geschrieben worden – Wahres und Unwahres –,
doch die intimste und ausführlichste Auskunft über sein
Leben, sein Denken, seine Gefühle, seine geistig-seeli-
sche Entwicklung über Jahrzehnte hinweg hat er uns
selbst gegeben. »Das Werk Tolstojs entspringt seinem
Leben. Kaum ein Dichter ist in seinen Büchern autobio-
graphischer gewesen. (…) Alle seine Werke – von den
frühesten Tagebuchaufzeichnungen bis hin zu den mo-
numentalen Romanen und den philosophischen Traktaten – können als ein großes Selbstbekenntnis gelesen
werden«, schreibt der Slavist Gier Kjetsaa in seiner be-
reichernden Tolstoi-Biographie. Tolstoi hat sich in seine

Charaktere hineingeschrieben, hat sie seine eigenen
Kämpfe austragen lassen, hat sie all den Dämonen ausgesetzt, die ihn selbst heimsuchten. Die Literatur war
für ihn eine Möglichkeit seiner eigenen Seele auf den
Grund zu gehen, und zugleich ein Versuch, das Rätsel
des Lebens zu lösen, einen Sinn zu finden und sich selbst
zu inszenieren: »Eine so weite Natur wie Tolstoi war
eben genötigt, sich in eine ganze Fülle von Gestalten zu
verteilen«, schrieb Stefan Zweig (1881–1942). Tolstois
Prosa bedeute »nichts anderes als eine einzige, quer
durch ein ganzes Leben hin fortgesetzte (…) Konfession,
(…) alle sozialen, alle familiären, alle epischen wie lite-
rarischen, zeitlichen wie metaphysischen Fragen werden
erörtert« (Zweig). Die gegenwärtige russische Gesamt-
ausgabe seiner Werke umfasst 90 Bände.

Es erscheint unglaublich, wie umfassend und vielfältig
die Gedankenwelt dieses Menschen ist, wie vielen Fragen
und Sachverhalten er während seines Lebens auf den
Grund zu gehen versuchte, ohne dabei je oberflächlich zu
bleiben. Der Schriftsteller Maxim Gorki (1868–1936) be-
merkte: »Jeder Gedanke bohrt sich wie eine Zecke in seine Seele«. Er will sich selbst von Dingen überzeugen, sich
ein eigenes Bild machen. Dazu taucht er ein in das Leben
der Menschen und die von ihnen geschaffenen Institutionen, lernt die Lebensrealität der Bauern kennen, spricht
mit den Armen und Obdachlosen in den Städten, besich-
tigt Schlachthäuser, um die dortigen Verhältnisse zu in-
spizieren. Dass er stets wahrhaftig und aufrichtig sein
will, macht ihn glaubwürdig: »was ich schreibe sind nicht
nur Worte, sondern ich lebe danach« (Tolstoi, *Über den
Sinn des Lebens*). Gerade weil er die tiefsten menschli-

chen Probleme und moralischen Konflikte behandelt, so wie sie seiner eigenen Seele entspringen, bleibt sein Werk stets aktuell. Es ist »national und universal, subjektiv und objektiv« (Kjetsaa) zugleich. Tolstoi zu lesen, ist eine Lehre fürs Leben. Neben seiner Aufrichtigkeit, neben seinem unermüdlichen Streben nach Erkenntnis besitzt er die »Fähigkeit zu einer erstaunlich genauen Wiedergabe dessen, was sich nicht wiedergeben lässt, einer fast an ein Wunder grenzenden Darstellung der vollen, unübersetzbaren Individualität des Individuums« (Berlin).

Tolstoi war kein Schriftsteller für die höhere Gesellschaftsschicht, für die Elite oder für andere Schriftsteller, er war ein Schriftsteller fürs Volk. Jede Art von Kunst musste seiner Meinung nach allen Menschen verständlich sein, sie musste das Gefühl, das der Künstler in sein Werk gelegt hat, transportieren und die Menschen damit anstecken können wie ein entfachter Funke. Weil er das meisterhaft beherrschte, scheint die Liste der Schriftsteller, die sich von ihm beeinflussen ließen, schier endlos: von Stefan Zweig und Franz Kafka über Romain Rolland, Stephen Crane und Henry James bis Thomas Mann, James Joyce und Ernest Hemingway. Man ist sich heute einig, dass Tolstoi ein gewaltiger, innovativer und wirkungsvoller Schriftsteller war, fast schon ein Unikat in der Literatur. Und obwohl er sich in seinen letzten Lebensjahren von der Literatur scheinbar abwandte, überdauert er zuallererst als Schriftsteller.

Doch Tolstois Wirkung geht über die schöne Literatur hinaus. Seine Fähigkeit die Dinge bis ins kleinste Detail kritisch zu durchleuchten, seine unerbittliche Ehrlichkeit und Direktheit ließen ihn auch zu einer einflussreichen moralischen Instanz seiner Zeit werden. Zeitweilig erreichte er eine derart gewichtige, ja unantastbare Stellung in Russland, dass er als »zweiter Zar« bezeichnet wurde. Tolstoi erweiterte das ethische Bewusstsein der Menschen, wies auf Absurditäten in ihrem Handeln oder in der Organisation ihres Zusammenlebens hin und forderte von allen, dafür Verantwortung zu übernehmen und mit der Veränderung bei sich selbst anzufangen. Wie seine Literatur hat auch sein Aufruf zu Gewaltlosigkeit und Menschenliebe die nachfolgenden Generationen des 20. Jahrhunderts, am nachhaltigsten vielleicht Mahatma Gandhi, stark beeinflusst. »Wo immer heute Gewalt verneint wird, sei es als Mittel, als Waffe, als Recht oder vorgeblich göttliche Einrichtung (…), allorts wo ein unabhängiges Gewissen statt der erkalteten Formeln der Kirche, der herrschgierigen Forderung des Staates, einer eingerosteten und schematisch funktionierenden Justiz die letzte Entscheidung nur dem brüderlichen Menschheitsempfinden als der einzig moralischen Instanz zuweist, darf es sich auf die vorbildliche Luthertat Tolstois berufen, der die Menschen im Menschlichen anruft, daß jeder in jedem Falle nur ›mit dem Herzen‹ richte.« (Zweig)

Diese Wirkung, dieser Einfluss ist Ziel all seines Tuns und Schaffens: »Tolstoi war ein Wirkender, wollte nichts anderes sein« (Mühsam). Sein aufklärerischer Anspruch und moralischer Antrieb zeigen sich aus diesem Grund deutlich in seinem künstlerischen Werk. Denn er verabscheut es, Kunst zu bloßen Unterhaltungszwecken zu produzieren. Er will durch seine Kunst Veränderung bewirken, Zusammenhänge offenlegen und so gesell-

schaftlich Einfluss nehmen. Will man sich ihm annä-
hern, muss man seine Person in ihrer Gesamtheit betrachten und darf den Schriftsteller nicht vom Pazifisten,
christlichen Anarchisten, Volksprediger, Religionsphi-
losophen und Reformpädagogen loslösen.

Graf Lew Nikolajewitsch Tolstoi, der am 28. August
1828 geboren wird, gehört einem angesehenen russischen Adelsgeschlecht an. Früh verliert er beide Eltern-
teile, genießt aber eine seinem Stand gemäße erstklassi-
ge Erziehung und Ausbildung. Er beginnt zunächst ein
Studium der Orientalistik und Rechtswissenschaft, das
er aber mangels Disziplin 1847 bereits wieder aufgibt. Er
lernt das ausschweifende Leben in St. Petersburg mit all
seinen Ablenkungen kennen – verlustreiche Kartenspie-
le, Alkoholräusche, Bälle und Bordellbesuche. Der Weg
der Selbstfindung führt ihn zurück auf das elterliche
Gut Jasnaja Poljana. Er kehrt dem Leben in der Stadt
den Rücken, um Landreformen durchzuführen und eine Dorfschule zu gründen. Doch bevor er sich festlegt,
wagt er 1851 noch einen anderen Versuch: Er tritt in den
Militärdienst ein, geht zunächst in den Kaukasus und
nimmt dann am Krimkrieg (1853–1856) teil.

Es überrascht nicht, dass die emotionale Position, die
er später zu Gewalt und Krieg entwickelt, eng mit seinem schriftstellerischen Werk verbunden ist. Die dortigen Erlebnisse fallen mit seinen ersten ernsthaften lite-
rarischen Versuchen zusammen. Am Kriegsgeschehen
hat er ein psychologisches Interesse. Warum führen Menschen Kriege, was geht in den Soldaten und Befehlsha-
bern vor, wie gehen sie mit der Situation um, wie beein-

flusst es sie psychisch, wie das Geschichtsverständnis?
In dieser Zeit verfasst er seine Kindheitserinnerungen
sowie Kriegserzählungen, mit denen er sogleich Erfolge
erzielt. Der Krieg spielt fortan in seinen Romanen und
Erzählungen eine große Rolle. Zu jener Zeit sind Kriegs-
berichte und psychologisch motivierte Erzählungen zu-
dem äußerst innovativ – Tolstoi findet also noch nicht
besetzte Genres, in denen er sich einen Namen machen
kann. Gleichzeitig rufen die Kriegserlebnisse bei Tolstoi
Entsetzen über die dort vorherrschende Rohheit und
Unmenschlichkeit, das Leid und den Tod hervor. Die
Belagerung Sewastopols während des Krimkrieges und
seine Anwesenheit bei einer Hinrichtung in Paris sind
die stärksten Auslöser für seine spätere Hinwendung
zum Pazifismus und seine Ablehnung der Staatsordnung. 1856 quittiert er schließlich seinen Militärdienst
und kehrt nach Jasnaja Poljana zurück. 1859 gründet er
erneut eine Dorfschule für Bauernkinder. Er widmet sich
mit großem Engagement der Pädagogik nach dem Vorbild Rousseaus und vertritt ein fortschrittliches Lehr-
konzept, das gekennzeichnet ist von individueller För-
derung, Aufhebung von Zensuren, freien Schulzeiten,
Orientierung an den Neigungen der Kinder und Verzicht auf Strafen. In den 1870er-Jahren verfasst er Fibeln
und setzt sich weiterhin für freiheitliche Lernkonzepte
ein. Er sieht es als seine Verpflichtung an, aus den Kindern aufgeklärte, kritisch und selbstständig denkende
Menschen zu machen und keine Schäfchen, die blind einer Horde folgen.

Mit seinem Leben auf Jasnaja Poljana tritt er in Distanz
zur etablierten Gesellschaft und arbeitet daran, sich von

einem Aristokraten in einen Bauern zu verwandeln. Er verurteilt das Falsche, Ausbeuterische, Zerstörerische und Unmoralische derjenigen Gesellschaftsschicht, der er selbst angehört, und wird zum Sympathisanten der Bauernschaft, was sich im Laufe seines Lebens sogar zu einer Verherrlichung entwickelt. Er setzt sich für die Aufhebung der Leibeigenschaft ein, die in Russland 1861 endlich erfolgt, beschäftigt sich mit der Frage nach dem Eigentum von Land und mit der vorherrschenden Ungerechtigkeit. Er strebt sogar in literarischer Hinsicht danach, seine Sprache zu vereinfachen und klarer zu gestalten, indem er sie der Volkssprache anpasst. Den Adel sieht er als Schmarotzer an, die auf Kosten anderer Leben und selbst nichts Bedeutendes für die Gesellschaft leisten. Die Hierarchie des gesellschaftlichen Gebildes und die Staatsordnung scheinen ihm unnatürlich und von Übel, weil diejenigen, die Geld haben, bevorzugt werden und der Staat Gewalt legalisiert und unterstützt.

Doch bevor er sich verstärkt diesen Themen zuwendet und seine Gedanken dazu in diversen ethischen Traktaten und Essays fixiert, hofft er, Glück und einen Lebenssinn im Familienleben zu finden. 1862 heiratet er Sophia Behrs, mit der er insgesamt 13 Kinder zeugt. Die anfänglichen Jahre scheinen glücklich, Tolstoi durchlebt in der Arbeit an *Krieg und Frieden* (1868) und *Anna Karenina* (1878) eine jahrelang während kreative Schaffensphase, die ihm endgültig seinen Ruhm als Schriftsteller sichert. Doch lange währt der Friede nicht. Tolstoi zweifelt die Institution der Ehe als Grundlage des Gesellschafts- und Staatssystems immer mehr an. Seine eigene Partnerschaft, deren Anfänge er literarisch in seinem

Roman *Anna Karenina* im Paar Lewin und Kitty verarbeitet hat, ist zunehmend gezeichnet von einem tiefen Unverständnis und gegensätzlichen Lebenszielen. Seine Feindseligkeit gegenüber der Frau im Allgemeinen, die sich in der zweiten Hälfte seines Lebens besonders unangenehm präsentiert und in den Werken *Die Kreutzersonate* (1889) und *Der Teufel* (1889) literarisch ausgeformt ist, steht im Widerspruch zur Scharfsichtigkeit eines gerechtigkeitsliebenden Mannes. Gorki, den Tolstois Äußerungen über die Frau abstoßen, nennt es »die Feindschaft des Männchens, dem es nicht gelungen ist, alle Lust zu bekommen, die es hätte bekommen können, oder es ist die Feindschaft des Geistes gegen ›die erniedrigenden Triebe des Fleisches‹«. Auch der frühe Mutterverlust – Tolstois Mutter starb, als er zwei war – wird oft als Erklärung herangezogen, ebenso wie die Möglichkeit einer unausgesprochenen tiefen Verletzung seitens einer Frau, welche er nicht vergeben oder vergessen konnte. Tatsache ist, dass er Geschlechtstrieb und erotisches Verlangen als einen Dämon betrachtete, den er sein Leben lang zu bekämpfen versuchte.

Doch ebenso wenig wie alles andere an Tolstois Persönlichkeit ist auch seine Einstellung zu den Frauen nicht einseitig, wenn man betrachtet, mit welcher Liebe und Verehrung er seinen weiblichen Familienmitgliedern begegnet oder in offiziellem Briefverkehr u. a. der deutschen Schriftstellerin Bertha von Suttner im Jahr 1891 seine Wertschätzung für ihren pazifistischen Roman *Die Waffen nieder* ausdrückt: »Der Aufhebung der Sklaverei ging bekanntlich auch ein berühmtes Buch einer Frau, der Mrs. Beecher-Stowe voraus; gebe Gott, dass Ihr Buch dem endgültigen Verschwinden des Krieges vorausgehen möge.«

Auf dem Höhepunkt seines Ruhms als Schriftsteller macht er nach eigenen Worten eine Krise durch, erlebt einen Wendepunkt im Jahr 1878, als deren Konsequenz er sich von seinem vorherigen Leben und Werk gänzlich lossagt. Verschriftlicht hat er diese innere Umkehr mit dem Traktat *Meine Beichte* (1882). In den 1870er-Jahren vertieft er seine Ansichten, dass Patriotismus, Krieg und Gewalt unmenschlich seien, dass sie dem ureigenen menschlichen Gefühl des Mitleids zuwiderlaufen und nur dem Machterhalt dienen. Er erkennt immer deutlicher, dass das Staatswesen nicht mehr seine eigentliche Funktion – das Wohl des Volkes zu garantieren – erfüllt, sondern nur noch seinen eigenen Erhalt im Sinn hat. Gleichzeitig ist er überzeugt, dass die Auflösung des Staates nicht gewaltsam herbeigeführt werden dürfe. Wenn die Menschen aufhören würden, am Staatsapparat teilzuhaben, so würde auch der Staat überflüssig werden. Aus dieser Ansicht leitet Gandhi seine Haltung des passiven Widerstands ab. Tolstoi ist der Meinung, die Menschen können ihr Zusammenleben genauso gut selbst organisieren, ohne dass einige Wenige ein ganzes Volk repräsentieren – das sei sowieso immer nur Illusion – und auf dessen Kosten leben. Eine wirkliche Veränderung könne nicht durch eine Veränderung der äußeren Verhältnisse geschehen, sondern müsse von innen heraus kommen – erst müsse eine moralische Umwälzung stattfinden. Sonst würde das Übel bloß eine andere Form annehmen, dem Wesen nach aber dasselbe bleiben.

Tolstoi neigt im Grunde zum Nihilismus. Er verneint und negiert, weil er erkennt, wie zerstörerisch, machthungrig und ausbeuterisch die Menschen sind. Gleichzeitig hört er aber nicht auf zu hoffen, dass der Mensch grundsätzlich fähig ist, sich moralisch zu bessern, sich zu vervollkommnen und auf eine höhere Ebene zu gelangen. Sonst wäre alles sinnlos. Das jedoch wäre nicht zu ertragen. Und so wendet er sich in seiner Suche nach Sinn dem Glauben zu. Die organisierte Religion der orthodoxen Kirche allerdings lehnt er ab und bezeichnet sie als »undurchdringlichen Wald der Dummheit«. Er sieht den Dogmatismus der Kirche, ihre hierarchische Struktur, ihren Macht- und Geldhunger im Widerspruch zum Glauben an sich und scheut sich nicht, seine Kritik öffentlich zu machen. Dafür wird er 1901 exkommuniziert. Der Glaube muss seiner Meinung nach eine moralische Richtschnur im Leben sein, die Beziehung zwischen den Menschen und der Welt regeln, Menschen nicht mit Strafen drohen, sondern als ein sinnstiftendes Element des Lebens auf das Diesseits ausgerichtet sein, um alle Menschen der Welt mittels eines geistigen Prinzips – der allumfassenden Liebe – zu vereinigen.

Dabei lag es nicht in seiner Absicht eine »Lehre« zu entwickeln. Seine Anhänger, die sich »Tolstojaner« nennen, mögen sich in ihrer Verzweiflung nach einem Heilsprogramm sehnen, doch für Tolstoi selbst »gab es keinen Tolstoismus, nur eine Lehre über die Wahrheit« (Kjetsaa). Solch eine von ihm angeführte Lehre widerspräche seiner Ansicht, dass ein jeder in sich hineinhören und seinen eigenen Weg finden solle. Man darf es sich nicht bequem machen und erwarten, dass ein anderer einen zum Ziel führt oder einem offenbart, wie man sein Leben zu leben hat, denn »Menschen, die einem Führer folgen, ihm glauben und auf ihn hören, irren unbedingt im Dunkeln, mitsamt ihrem Führer« (L. T.).

Er will glauben, die Antwort auf seine Fragen im Glauben gefunden zu haben und sich damit zufrieden geben. Doch sein lebenslanges Zweifeln, die Unzufriedenheit mit sich selbst, die ständige Suche nach dem Sinn ist sein Los: »Tolstoi war nicht geboren zum Zufriedensein.« (Zweig) Auch das ist dem Menschen Tolstoi eigen: Er sehnt sich, wie die meisten Menschen, nach dem, was er nicht hat. Und so strebt er stets nach einer »einzigen glücklichen Sicht der Dinge, in der alle Probleme gelöst, alle Zweifel beschwichtigt sind und am Ende Friede und Verständnis herrschen.« (Berlin) Er sehnt sich verzweifelt danach und ist doch nicht in der Lage, die Augen vor der Komplexität der Realität zu verschließen, das Gesehene rückgängig zu machen, seine Denkprozesse, das Infragestellen von allem zu beenden. Als Wahrheitssuchender ist er nicht fähig, oberflächlich über etwas hinwegzugehen. Also versucht er in seinen Schriften »die verhängnisvolle Frage von der eigenen Brust abzuwälzen« und sie in die Welt, an die Menschen zurückzuwerfen, »Wesensunruhe in Weltunruhe verwandelnd« (Zweig).

In seinem Leben und in dem, was Tolstoi an Gedanken, Fragen und Zweifeln in die Welt geworfen hat, findet der Leser »Überzeugungen verkörpert, die ihm die wichtigsten sind, hart neben solchen, die er auf das tiefste verabscheut. (…) In ihm scheint vereinbar, was sich in einem selber heftig bekämpft« (Canetti).

215

Ähnliches berichtet auch Maxim Gorki in seinen Erinnerungen: »Ich weiß so gut wie andere, daß kein Mann den Namen des Genies besser verdient als er; vielfältiger, widerspruchsvoller, größer in allem ist keiner (...) es ist etwas in ihm, das mir immer das Verlangen gab, laut zu rufen: Seht doch, was für ein wundervoller Mensch auf der Erde lebt! Denn er ist sozusagen, ganz allgemein und zu allererst ein Mensch, ein menschheitlicher Mensch.« Gleichzeitig fand er in ihm »vieles, das in mir zeitweilig etwas wie Haßgefühle erregt hat, und dieser Haß lastete auf meiner Seele mit zermalmender Wucht«. Es kann einem nicht anders ergehen, wenn man sich mit Tolstoi beschäftigt. Man muss diese Widersprüche aushalten, denn sie machen ihn erst stark. Ohne ihn in seiner Gesamtheit zu betrachten und anzuerkennen, kann man ihm nicht nahekommen.

Zeitlebens war Tolstoi aufgrund dieser Inkonsequenz und Widersprüchlichkeit Vorwürfen und Anfeindungen ausgesetzt. Doch »einen Leo Tolstoi brauchte niemand über seine moralischen Zweideutigkeiten aufzuklären, er zerriß sich selbst täglich die Seele an ihnen« (Zweig). Keiner war sich über seine eigenen Widersprüche und Unzulänglichkeiten mehr im Klaren als er selbst. In seinen Tagebüchern prüfte und maßregelte er sich seit seinem 18. Lebensjahr. Er stellte darin immer wieder strenge Regeln für sein Leben auf, die ihm helfen sollten, sich zu bessern und zu vervollkommnen, war unfähig sie einzuhalten und richtete dann über sich selbst, geißelte sich mit Selbstkritik. Und so war »Tolstois Kampf gegen Gesellschaft, Kirche, Staat, Kunst und Sexualität (...) im Wesentlichen auch ein Kampf gegen sich selbst. Als verkleideter Bauer begehrte er gegen den vornehmen Grafen auf, als ›wahrer‹ Christ verdammte er die etablierte Orthodoxie, als Pazifist zog er gegen den stolzen Offizier zu Felde, als Volksprediger hetzte er gegen den Romanautor, als Keuschheitsapostel verurteilte er den ausschweifenden Jüngling und den dreizehnfachen Vater.« (Schmid)

Sein Realitätssinn verträgt sich nicht mit seinem Streben nach einem moralischen Ideal. Isaiah Berlin stellt bezüglich dieser Diskrepanz eine interessante Theorie auf. Er geht, inspiriert vom griechischen Dichter Archilochos, von der Möglichkeit aus, dass es zwei Typen von Menschen gebe – Igel, die einer großen Idee folgen, und Füchse, die die Vielheit in ihren Details wahrnehmen. Berlin stellt die These auf, dass Tolstoi seinem Wesen nach ein Fuchs ist, aber sich danach sehnt, ein Igel zu sein. Er wünscht sich bloß, einer großen Idee folgen und alles andere ausblenden zu können, doch er kann nicht gegen sein Wesen ankämpfen, gegen die außergewöhnliche Fähigkeit, das Komplexe dieser Welt in ihren Einzelteilen zu erkennen und zu beschreiben: »(…) er hat keine Vision des Ganzen, (…) und was er sieht, ist nicht das Eine, sondern mit immer größerer Genauigkeit, in kraftvoller Individualität und mit einer obsessiven, unausweichlichen, unzerstörbaren, alles durchdringenden Luzidität, die ihn zur Raserei bringt, die Vielheit.« (Berlin)

Der Tiefgang seiner Gedanken, die Unermüdlichkeit seiner Suche nach der Wahrheit, sein Kampf für Gerechtigkeit, sein Aufruf zur Bewahrung der Menschlichkeit, die Klarsicht, mit der er in die menschliche Seele blickt, die Vielheit und Widersprüchlichkeit seiner Ansichten machen die Auseinandersetzung mit diesem Schriftsteller und Menschen auch noch über 100 Jahre nach seinem Tod relevant.

Die Auswahl seiner Worte, jener Gedankensamen aus seinen Schriften, stellt die geistige Entwicklung eines Menschen dar. Sie sind während eines ganzen Menschenlebens entstanden und sind so nicht als absolut anzusehen oder treffen gar auf alle Lebensperioden dieses Menschen zu. Die Auswahl soll den Umfang seiner mannigfaltigen Gedanken erahnen lassen, soll Anstoß sein, zum Sehen und Infragestellen führen, soll wie Funken auf die Leser überspringen.

Anna Schloss

Literaturverzeichnis

SCHRIFTEN TOLSTOIS

Leo N. Tolstoj, Anna Karenina. Nach der siebenten Auflage übersetzt von Hans Moser. Philipp Reclam jun. Leipzig 1920

Graf Leo Tolstoj, Auferstehung. Erste vollständige im Auftrage des Verfassers hergestellte Übersetzung von Wadim Tronin und Ilse Frapan. Berlin W. F. Fontane & Co. 1900

Leo Tolstoi, Auferstehung. Nach der einzigen ungekürzten Originalausgabe mit Genehmigung des Verfassers übersetzt von Wladimir Czumikow. Band I. Verlegt bei Eugen Diederichs in Leipzig 1900

Leo Tolstoi, Ausgewählte Erzählungen für die Jugend. O. C. Recht Verlag 1922

Graf Leo Tolstoj, Ausgewählte Erzählungen. Deutsch von August Scholz, Paul Oestergaard o. J.

Leo Tolstoi, Briefe 1848–1910. Gesammelt und herausgegeben von P. A. Sergejenko. Autorisierte vollständige Ausgabe. J. Ladyschnikow Verlag, Berlin 1911

Leo Tolstoi. Chadschi Murat. Deutsch von August Scholz. S. Fischer Verlag o. J.

Leo N. Tolstoi, Das Gesetz der Gewalt und das Gesetz der Liebe. Autorisierte Übersetzung von A. Steinberg. Hans Bondy Verlag, Berlin 1909

Leo Graf Tolstoi, Das Kaffeehaus von Surat, in: Mitteilungen der Comenius-Gesellschaft, 11. Jahrgang 1894, Nr. 4, S. 105–113

Leo N. Tolstoi, Das Reich Gottes. Jena, Eugen Diederichs, 1911

Graf Lew Nikolajewitsch Tolstoi, Der Gefangene im Kaukasus und andere russische Soldatengeschichten. Übersetzt von L. A. Hauff. Verlag von Otto Janke, o. J.

Leo N. Tolstoi, Die Kreutzersonate. Deutsch von Raphael Löwenfeld. Jena, Verlegt bei Eugen Diederichs 1889

Graf Leo Tolstoi, Die Sklaverei unserer Zeit. Deutsch von Dr. N. Syrkin. Berlin SW, Hugo Steinitz Verlag o. J.

Leo Tolstoj, Die erste Sprosse. Deutsche Verlags-Anstalt. Stuttgart, Leipzig, Berlin, Wien 1893

Graf Leo Tolstoj, Familienglück. Ein Roman. Deutsch von August Scholz. Berlin W. Paul Oestergaard G. m. b. H.

Graf Leo Tolstoi, Gegen die moderne Kunst. Berlin SW, Hugo Steinitz Verlag 1898

Leo Tolstoi, Gesammelte Werke. Von dem Verfasser genehmigte Ausgabe von Raphael Löwenfeld. Eugen Diederichs, Jena, 1921

Graf Leo N. Tolstoi, Kleine Erzählungen und Kriegsbilder. Aus dem Russischen übersetzt von Wilh. Paul Graff. Berlin, Verlag von Richard Wilhelmi 1886

Leo N. Tolstoi, Krieg und Frieden. Aus dem Russischen von L. A. Hauff. Verlag von Otto Jahnke, Berlin 1893

Leo N. Tolstoi, Lebensstufen. Hrsg. v. R. Löwenfeld. Diederichs, 1903

L. N. Tolstoi, Leinwandmesser. Erzählung. Ins Deutsche übertragen von H. Röhl. Leipzig o. J.

Graf Leo N. Tolstoi, Meine ersten Erinnerungen sowie verschiedene kleine Schriften. Aus dem Russischen von L. A. Hauff. Verlag von Otto Jahnke, o. J.

Leo Tolstois Rede gegen den Krieg, Der Syndikalist, 1920

Graf Lev Tolstoy, Russische Bauern. Deutsch von Ernst von Glehn. Leipzig, Verlag von Carl Reißner 1887

Leo Tolstoi, Tagebücher 1895–1899. Nach dem geistigen Zusammenhang ausgewählt, herausgegeben und eingeleitet von Ludwig Rubiner. Aus dem Russischen übersetzt von Frida Ichak-Rubiner. Max Rascher Verlag, Zürich 1918

Leo N. Tolstoi, Tagebücher. Zweiter Band 1900–1903. Autorisierte, vollständige Ausgabe von Ludwig Berndl. Verlegt bei Eugen Diederichs, Jena 1923

Graf Leo Tolstoi, Unsere Armen und Elenden. Übersetzt aus dem Russischen von Dr. Hermann Roskoschny. Leipzig, Greßner & Schramm o. J.

Leo N. Tolstoi, Über die sexuelle Frage. Übersetzt von Michael Feofanoff. Eugen Diederichs 1901

Graf Leo Tolstoi, Über Erziehung und Bildung. Deutsch von Dr. N. Syrkin. Berlin SW, Hugo Steinitz Verlag 1902

Graf Leo Tolstoi, Über Krieg und Staat. Deutsch von Dr. N. Syrkin. Berlin SW, Hugo Steinitz Verlag 1900

Leo N. Tolstoi, Volkserzählungen. Leipzig 1955

Leo N. Tolstoi, Was ist Kunst? Übersetzt von Michael Feofanoff, Eugen Diederichs, Leipzig 1902

Leo N. Tolstoj, Was ist Religion und worin besteht ihr Wesen? Mit Anhang. Übersetzt von Iwan Ostrow, Eugen Diederichs, Leipzig 1902

Leo N. Tolstoi: Was sollen wir denn tun? Deutsch von R. Löwenfeld. 2 Bde., Diederichs 1911

ÜBER TOLSTOI

Isaiah Berlin, Der Igel und der Fuchs. Essay über Tolstojs Geschichtsverständnis. Aus dem Englischen von Harry Maor. Suhrkamp Verlag 2009

Elias Canetti, Das Gewissen der Worte. Essays. Hanser 1975

Maxim Gorki, Erinnerungen an Lew Nikolajewitsch Tolstoi. Verlag »Der neue Merkur«, München 1920

Ursula Keller und Natalja Sharandak, Sofja Andrejewna Tolstaja: Ein Leben an der Seite Tolstojs. Insel 2009

Geir Kjetsaa, Lew Tolstoj. Dichter und Religionsphilosoph. Casimir Katz Verlag 2001

Raphael Löwenfeld, Leo N. Tolstoj. Sein Leben, seine Werke, seine Weltanschauung. Verlegt bei Eugen Diederichs, Leipzig 1901

Erich Mühsam, Tolstois Vermächtnis. In: Fanal, 3. Jahrgang, Nr. 1, Oktober 1928

Edgar Alfred Regener, Worte Tolstois. J. C. C. Bruns' Verlag, Minden i. Westf. 1907

Viktor Schklowski, Leo Tolstoi. Eine Biographie. suhrkamp taschenbuch 1987

Ulrich Schmid, Lew Tolstoi. Verlag C. H. Beck, München 2010

Stefan Zweig, Drei Dichter ihres Lebens. Casanova – Stendhal – Tolstoi. Fischer Taschenbuch Verlag 1981

Editorische Notiz

Die Auswahl der vorliegenden Worte Tolstois erfolgte aus den o. a. Schriften bzw. Übersetzungen. Die Schreibweisen wurden in ihrer ursprünglichen Form belassen und nicht der neuen deutschen Rechtschreibung angepasst.

FSC
www.fsc.org
MIX
Papier aus ver-
antwortungsvollen
Quellen
FSC® C083411

Bibliografische Information der Deutschen Nationalbibliothek
Die Deutsche Nationalbibliothek verzeichnet diese Publikation in der Deutschen
Nationalbibliografie; detaillierte bibliografische Daten sind im Internet über
http://dnb.d-nb.de abrufbar.

© by marixverlag in der Verlagshaus Römerweg GmbH, Wiesbaden 2019
Bildnachweis: S. 2 akg-images
Covergestaltung: Anja Carrà, Weimar
Satz und Bearbeitung: SATZstudio Josef Pieper, Bedburg-Hau
Der Titel wurde in der Minion Pro gesetzt.
Gesamtherstellung: CPI books GmbH, Leck – Germany

ISBN: 978-3-7374-1108-0

www.verlagshaus-roemerweg.de